이토록 두려운 사랑

이토록 두려운 사랑

연애 불능 시대, 더 나은 사랑을 위한
젠더와 섹슈얼리티 공부

김신현경 지음 | 줌마네 기획

반비

**친밀성에 대한 우리의 욕구는
어떻게 만들어지고 부서져왔나**

　　'3포 세대'는 경제난으로 취업이 어려워져 연애와 결혼, 출산을 포기하는 젊은 세대를 일컫는다. 이 용어가 등장한 지도 10여 년이 다 되어간다. 그런데 이런 상황이 나아질 기미는 별로 보이지 않는다. 그리하여 '5포 세대'나 '7포 세대'처럼 비교적 최근에 등장한 말들은 다들 알다시피 청년들이 연애, 결혼, 출산뿐 아니라 내 집 마련, 인간관계, 그리고 꿈과 희망마저 포기하게 되는 상황을 가리킨다. 이때 '청년'은 예전에 비해 가부장이 되는 것이 어려워진 '남성'을 중심으로, 주로 '경제적' 어려움과 관련하여 해석, 재현, 이해된다.

　　한편 이와 동시에 데이트 폭력, 가정폭력 등 친밀 관계에서의 폭력이 중요한 사회적 문제로 가시화되고 있다. 친밀 관계에서의 폭력은 성폭력과 직장 내 성희롱, 불법촬영, 사이버 성폭력과 겹쳐지면서 최근 한국 사회의 가장 큰 갈등으로 떠오른 젠더 전쟁(gender war)의 쟁점 중 하나가 되었다. 최근 몇 년 사이 일련의 흐름, 예컨대 2015년 메갈리아의 등장과 2016년 강남역 살인사건, 촛불시위, 2017년 대통령 탄핵과 새로운 정부의 탄생, ○○계 성폭력 해시태그와 미투 운동, 불법촬영 편파수사 규탄 혜화역 시위는 한국 사회가 새로운 단계로 진입했음을 보여준다. 우리가 목격하고 있는 것은 분단을 둘러싼 이데올로기적 갈등의 시대에서 젠더 불평등, 섹슈얼리티 폭력과 차별 등 일상적 인권의 문제를 제대로 다루어야 하는 시대로의 이행인 것이다. 그리고 이는 젠더 불평등과 섹슈얼리티 폭력에 무감한 한국 사회에 대해 여성들, 특히 젊은 여성들이 느끼는 절망적 인식, 분노, 변화에의 열망을 강력하게 보여준다. 그렇지만 '여성'의 문제는 주로 '폭력'과 관련하여 다소 협소하게 해석, 재현, 이해되는 경향이 있다.

　　그렇다면 이처럼 남성은 '포기'했고 여성은 '폭력' 때문에 절망하고 있다고 여겨지는 친밀 관계 그 자체에 대한 관심은 어떨까? 사랑과 연애에 대한 욕구와 관심은 사라져버렸을까? 흥미롭게도 그렇지 않다. 『화성에서 온 남자, 금성에서 온 여자』 이후 서가 한쪽을 넉넉히 채우고도 남는 시장을 형성해온 연애 자기계발서들, 더욱 사실적인 서사와 판타지의 조합을 보여주는 트렌디 연애 드라마들, 이 시대 연애담들의 인류학적 보고서라 할 만한 온라인상의 온갖 글들은 사랑과 연애에 대한 세분화된 열기를 증명하고도 남는다. 나는 이처럼 친밀 관계를 표상하는 최근의 주요한 문제 설정 틀인 포기와 폭력의 한 켠에 여전히, 어쩌면 예전보다 더한 친밀성에의 욕구가 자리하고 있다는 점이 흥미로웠다.

이 책은 젠더와 섹슈얼리티를 키워드로 삼고, 대중문화 텍스트와 현상을 대상으로 삼아 우리 시대 사랑과 연애를 둘러싼 포기와 폭력, 열망이 어떻게 겹쳐져 있는지 살펴보고자 했다. 그렇지만 이 책은 본격적인 연구서라기보다는 관련 선행 연구들을 핀셋 삼아 이 겹쳐짐을 한 겹 한 겹 들춰보는 과정의 기록이라고 하는 것이 더 적절할 것이다. 세상의 모든 일들이 그렇지만 특히 사랑과 연애에 대해서는 학문적 분석 못지않게 우리 자신들의 친밀성에 대한 욕구가 어떻게 조형된 것인지 성찰에 이르는 것이 중요하다고 생각한다. 그리고 어찌되었든 나는 이 모든 일들이 이번 생에 더 나은 사랑을 하기 위함이라고 믿는다. 이는 더 나은 사람이 되고자 하는 의지와 다르지 않다.

이 작은 책을 완성하는 데 많은 분들의 도움을 받았

다. 2016년에서 2017년 겨울 동안 '이토록 두려운 사랑' 강좌를 함께한 수강생들은 우리 시대 사랑과 연애를 둘러싼 모순적인 층들을 함께 탐구해준 이들이다. 이들의 진솔한 관심, 예리한 질문과 토론은 함께한 시간을 그것으로 끝내지 않고 다른 독자들과 책으로 나눌 욕심을 내게 한 가장 큰 원동력이었다. 책의 문장을 독자들과 함께 나누는 이야기체로 구성한 것도 이 때문이다.

사실 이 책의 문제의식은 15년 전 대학생들의 연애 경험에 대한 석사 논문을 쓸 때부터 시작되었다. 나를 격려해 주시고 문제의식을 발전시킬 수 있도록 해 주신 김은실 선생님, 친밀 관계에 대한 여성들의 열망을 그들이 처한 노동조건과 함께 이해해야 한다는 점을 가르쳐주신 조순경 선생님께 감사드린다. 또 이 책에 실린 거의 모든 텍스트를 함께 보고 읽고 얘기한 이영희 덕분에 문제의식을 심화시킬 수 있었다. 각주로 표현할 수 없었던 그녀의 통찰과 심리적 지지에 마음 깊이 감사를 표한다.

연애라는 주제로 '일상의 여성학' 강좌를 함께 기획하고 진행을 도맡아준 줌마네 팀의 이숙경, 최규정(짱아), 김혜정(하리), 심은애(루후나) 그리고 강좌를 책으로 기획하고 만든 반비 편집부의 김희진, 최예원, 조은은 이 책의 실질적인 산파들이다. 특히 이숙경, 김혜정, 김희진과의 오랜 우정은 이 책을 만드는 과정이 좋은 의미에서 일, 놀이, 관계가 분리되지 않을 수 있도록 한 힘이었다. 오래전부터 사랑과 연애에 관해 온갖 이야기를 나눠온 박혜경, 삼촌팬으로서의 경험과 sexual objectification의 번역어에 대해 중요한 토론을 해준 이장원에게도 함께해준 시간에 고마운 마음을 전한다.

이 책은 서울에서 쓰기 시작해 베를린에서 마침표를 찍었다. 내가 베를린에서 생각할 시간과 공간을 가질 수 있었던 것은 오롯이 이은정 선생님 덕분이다. 진심으로 감사드린다. 또 짧은 시간에도 불구하고 나를 낯선 이방인이 아니라 고유한 존재로 받아들여준 베를린의 친구들에게도 연대의 인사를 보낸다.

언제나 내 글을 손꼽아 기다려주는 가족들의 사랑이 없었다면 나는 감히 사랑에 대해 글을 쓰겠다고 생각하지 못했을 것이다.

2018년 8월 베를린에서
김신현경

차례

1강

우리의 사랑은
왜 불안하고 혼란스러운가

식민지 조선에서 오늘날까지,
사랑과 연애에 관한 질문

나혜석, 「이혼 고백장」(1934)
드라마 「청춘시대」(2016)

우리의 연애는 왜 이렇게 어려울까

안녕하세요, 여러분. 첫 강의는 여러분이 저에게 보낸 이 강의에 대한 기대를 짚어보며 시작하겠습니다. 제가 보기에는 크게 두 가지로 분류할 수 있을 것 같습니다. 첫째는 현실에서의 연애 관계에 대한 고민입니다. 아주 다양하고도 절실한 고민들, 예컨대 '왜 연애가 이렇게 어렵게 혹은 불안하게 느껴질까?', '연애를 하면 행복해질까?' 혹은 '행복해질 줄 알았는데 그렇지 않은 이유는 뭘까?', '이성과의 행복한 연애는 과연 가능할까?' 같은 절실한 질문들을 가지고 이 자리에 오신 분들이 있습니다. 둘째는 연애라는 키워드를 중심으로 한 페미니즘 문화 비평에 대한 관심입니다. 많이 거론되거나 재미있게 즐긴 문화 텍스트를 중심으로 연애와 페미니즘을 함께 고민해보고 싶다는 욕구에서 이 자리에 오신 거지요.

　　저는 이 두 가지 기대가 서로 연결되어 있다고 생각해요. 실제 연애나 친밀한 관계에 대한 고민은 언어를 포함하여 넓은 의미에서의 재현을 경유하지 않을 수 없기에, 연애나 친밀성을 다루는 문화 텍스트들과 깊은 관련을 맺습니다. 또 페미니즘 문화 비평의 질문은 결국 사람을 '여성' 그리고 '남성'으로 만드는 문화적 과정에 관한 질문이라는 점에서 연애, 친밀성, 관계를 포함하지 않을 수 없지요. 각자의 주요 관심사는 조금씩 다를지라도 우리가 만나는 시간은 두 기대의 결합 속에서 함께 길을 찾는 여정이 될 것이라고 생각합니다.

　　사실 사랑과 연애에 관해서는 이미 다양한 설명 방식이 있습니다. 가장 흔한 설명은 인간도 동물이기에 어느 정도 성장하면 짝짓기를 하게 마련이라는 것이지요. 성 호르몬이나 동물 행동 레퍼토리의 하나로 사랑과 연애를 설명하는 방식입니다. 남성은 번식 본능 때문에 일반적으로 바람기가 있다거나, 여성은 임신과 출산을 하기 때문에 좋은 유전자를 얻기 위해 해당 사회에서 강하고 높은 지위의 남성을 원한다거나 하는 설명도 여기에 속합니다. 그런데 이런 설명에는 허점이 많습니다. 예컨대 현실에서 우리가 흔히 보는 사랑, 연애, 결혼은 대체로 경제적·사회적으로 비슷한 부류의 남녀 사이에서 벌어지는 일이거든요. 이를 '계급혼'이라고 합니다. 짝짓기 모델로는 이처럼 가장 흔하게 볼 수 있는 사랑과 연애의 양상을 설명할 수 없습니다. 또 애정과 성의 배타성에 기반한 일부일처제에 대해서도 썩 만족스런 해답을 내놓지 못합니다.

결국 사회에서 살아가는 우리가 하는 사랑과 연애에 관해서는 '해당 사회에서 이런 관계들은 어떻게 조직되어 있는가?', '사람들은 이를 어떻게 해석하고 실천하는가?' 같은 질문들을 중심으로 한 해석이 필요합니다. 또 현재 한국 사회에서 사랑과 연애는 주로 비슷한 연령대 남녀의 일로 간주됩니다. 그렇기 때문에 사랑과 연애는 해당 사회에서 정상적 혹은 이상적이라고 받아들여지는 여성성과 남성성, 나이와 세대 구성과도 관련을 맺습니다. 사실 성소수자, LGBTQ의 사랑과 연애도 이와 무관하지만은 않습니다. 이 점에 관해서는 강의를 진행하면서 또 이야기할 기회가 있으리라 생각합니다.

저는 여성학을 공부했고 스스로를 페미니즘 문화연구자로 정체화하고 있는 사람입니다. 여성학은 특정한 역사적 시대, 지리적 공간에서 여성성과 남성성이 어떻게 구성되는가, 그리고 어떤 관련을 맺는가를 탐구하는 학문이라고 정의할 수 있습니다. 우리는 흔히 사람은 여성 또는 남성으로 태어난다고 생각하지만 사실은 그렇지 않거든요. 오히려 반대로 여성 혹은 남성이 됨으로써 우리 각자는 특정 사회의 사람으로 편입된다고 할 수 있습니다. 예컨대 한국에서 태어나면 주민등록번호 1 혹은 2에 속함으로써 이 사회의 소위 '정상적'인 구성원이 되는 것이지요. 이런 측면에서 여성학의 주요 질문인 '여성성과 남성성의 구성'이란, 여성의 신체가 여성성을, 남성의 신체가 남성성을 의미한다는 동어반복이 아니라 성차의 구성 과정 그 자체에 대한 심문을 의미합니다. 요즘 흔히 들을 수 있는 '젠더(gender)'라는 용어는 바로 이 과정 전반을 의미하는 개념입니다.

또 사랑과 연애는 그 자체로 성과 동일한 것은 아니지만 성적인 것(the sexual)과 관련을 맺습니다. 그런데 '성이면 성이지, 성적인 것은 또 무엇인가?' 이런 의문을 가질 수 있지요. 굳이 '성'이 아닌 '성적인 것'이라는 표현을 쓰는 이유는, 성을 '성관계를 중심으로 한 자명하고도 고정된 것'으로 여기는 일반적인 인식에 의문을 제기하고자 함입니다. 예컨대 이런 질문들을 해볼 수 있습니다. 마른 몸은 살찐 몸보다 언제

이토록 두려운 사랑

나 더 성적으로 매력적인가요? 소라넷에서 떠돌아다니는 성관계 몰카나 강간 동영상은 성적인 것일까요? 배우 박보검은 배우 류준열보다 성적으로 매력적인가요? 드라마 「응답하라 1988」의 팬들 사이에서 이를 둘러싼 치열한 설전이 있었지요. 이런 질문들에 대해 각자 다른 의견을 가질 수 있습니다. 그렇지만 한국에서 대체로 통용되는 대답이 있는 것도 사실입니다. 왜 그럴까요? 이를 '섹슈얼리티(sexuality)'라는 개념을 통해 탐구할 수 있습니다. 이처럼 특정한 시대와 공간에서 성적인 것이 구성되는 과정을 우리는 섹슈얼리티라고 부릅니다. 우리의 사랑과 연애 공부는 이처럼 성차 구성 과정으로서 젠더, 그리고 성적인 것의 구성 과정으로서 섹슈얼리티를 함께 고려하면서 진행될 것입니다.

식민지 조선 페미니스트의 질문,
나혜석의 「이혼 고백장」

그럼 오늘 강의의 주요 텍스트를 한번 볼까요? 먼저 나혜석의 「이혼 고백장」입니다. 문장 하나하나가 80여 년 전

글이라고는 믿을 수 없을 정도로 현대적이죠. 저는 2008년에 여성학자 김은실이 나혜석에 대해 쓴 논문을 통해 이 텍스트를 처음 만났는데, 정말 놀라웠어요. 늘 메리 울스턴크래프트나 버지니아 울프, 시몬 드 보부아르의 이름이 거론되는 페미니즘 제1물결, 그 뒤에는 페미니즘 제2물결, 1970년대부터 본격적으로 시작된 한국 페미니즘……, 이런 식으로 페미니즘의 역사를 배워온 저에게 '식민지 조선에도 이런 페미니스트가 있었구나.'라는 깨달음을 준 글이었습니다. 읽을 때마다 매번 다른 문장들에 꽂히는데, 이번 강의를 준비하면서 다시 읽을 때는 이 문장들에 꽂혔습니다.

1. 사람은 어떻게 살아야 좋을까. 동양 사람이 서양을 동경하고 서양인의 생활을 부러워하는 반면에 서양을 가보면 그들은 동양을 동경하고, 동양 사람의 생활을 부러워합니다. 그러면 누구든지 자기 생활에 만족하는 자는 없사외다. [……]
2. 부부간에 어떻게 하면 화합하게 살 수 있을까. 일 개성과 타 개성이 합한 이상 자기만 고집할 수 없는 것이외다. 다만 극기를 잊지 마는 것이 요점입니다. [……]

이토록 두려운 사랑

3. 구미 여자의 지위는 어떠한가. [……] 어느 회합에든지 여자 없이는 중심점이 없고 기분이 조화되지 못합니다. 일 사회의 주인공이요, 일 가정의 여왕이요, 일 개인의 주체이외다. [……] 그러므로 새삼스러이 평등, 자유를 요구할 것이 아니라 본래 평등, 자유가 구존해 있는 것이외다. [……]

4. 그 외의 요점은 무엇인가. 데생이다. [……] 그러므로 데생이 확실하게, 한 모델을 능히 그릴 수 있는 것이 급기 일생의 일이 되고 맙니다.[•]

남남끼리 합하는 것도 당연한 이치요, 떠나는 것도 당연한 이치나 우리는 서로 떠나지 못할 조건이 네 가지가 있소. 1은 팔십 노모가 계시니 불효요. 2는 자식 4남매요, 학령 아동인 만큼 보호해야 할 것이요. 3은 일 가정은 부부의 공동생활인 만치 생산도 공동으로 되었을 뿐 아니라 분리케 되는 동시는 마땅히 일가(一家)가 이가(二家) 되는 생계가 있어야 할 것이오. 이것을 마련해주는 것이 사람

● 　나혜석, 「이혼 고백장」(1938), 이상경 엮음, 『나혜석 전집』(태학사, 2002), 402~403쪽.

　　　　　　　　　　　　1강 우리의 사랑은 왜 불안하고 혼란스러운가

으로서의 의무가 아닐까 하오. 4는 우리 연령이 경험으로 보든지 시기로 보든지 순정, 즉 사랑으로만 산다는 것보다 이해와 의로 살아야 할 것이요, 내가 이미 사과하였고 내 동기가 전혀 악으로 된 것이 아니요, 또 씨의 요구대로 현처양모가 되리라.●

읽으면서 같은 문장들에 '아!' 하고 꽂힌 분들도 있을 것이고, 다른 문장들에 꽂힌 분들도 있을 거예요. 각자 인상 깊었던 문장들에 관해 이야기해봐도 좋겠습니다.

첫 인용문의 문장들을 하나의 질문으로 만들어본다면, 어떤 질문이 될까요? 첫째 문단에서는 사람, 둘째 문단에서는 부부, 셋째 문단에서는 여성, 넷째 문단에서는 그림을 그린다는 것에 대한 그녀의 고민이 드러납니다. 구미 여성들에게는 평등과 자유가 존재한다는 셋째 문단은 당시 조선의 여성들에게는 그것들이 없다는 자각과 통하고, 그런 와중에 부부인 남녀가 어떻게 화합하여 살 수 있을지를 질문하고 있으며, 이는 다시 사람으로서 어떻게 살아야 하며, 여성인 자신이

● 위의 글, 412쪽.

이토록 두려운 사랑

하는 일인 그림 그리기는 무엇인가에 관한 고민으로 이어집니다. 결국 이는 '사람들이 자유롭고 평등하지 않은 조선에서 남녀는 어떻게 평등한 사랑과 결혼 관계를 만들어갈 수 있을까?'라는 질문으로 축약할 수 있겠지요. 그리고 둘째 인용문의 문장들은 자유롭고 평등하지 않은 사랑과 결혼 관계의 핵심에 가족과 경제가 놓여 있으며, 섹슈얼리티를 통해 이 갈등이 직접적으로 표출된다는 것을 보여줍니다. 나혜석이 이미 사과했다고 말한 일이 바로 파리에서의 최린과의 혼외 연애 관계거든요. 이 질문과 고민 들은 그녀의 텍스트에서 계속 반복적으로 나타납니다. 여성학자 김은실은 2008년 논문 「조선의 식민지 지식인 나혜석의 근대성을 질문한다」에서 나혜석을 '시대를 앞서간 불운한 여성'이 아니라 '식민지 여성 지식인'으로 위치 지으며 이런 점들을 지적합니다.

과연 이 질문들을 80여 년 전의 것들로만 치부할 수 있을까요? 오늘 함께 생각해볼 또 하나의 텍스트인 드라마 「청춘시대」가 그리고 있는 우리 시대 사랑과 연애를 둘러싼 갈등과 고민의 핵심에도 이 질문들이 놓여 있다고 봅니다. 사랑과 연애는 오늘날 우리가 원하는 자유와 평등이 가장 첨예하게 각축을 벌이는 장이 되었고, 이런 긴장과 갈등은 섹슈얼리티를 통해 표출되며, 경제와 결혼 그리고 가족은 예전보다 더욱 복잡하게 얽혀 사랑에 대한 우리의 기대에 영향을 미치고 있습니다. 그리고 이런 사실들이 바로 사랑과 연애에 대한 우리의 기대를 설렘보다는 혼란 또는 두려움으로 채색하고 있는 원인이라고 생각합니다. 조금 더 구체적으로 살펴보지요.

식민지 조선 신여성의
사랑, 결혼, 그리고 섹슈얼리티

나혜석 시대에 이런 질문들이 나오게 된 배경을 생각해봅시다. 옆의 이미지는 나혜석의 자화상과 사진입니다. 자화상을 본 느낌이 어떠세요? 보시다시피 굉장히 서구적으로 그려졌지요? 도저히 당시 '조선 여자'같이 그려지지 않았습니다. 화가의 자화상은 보통 자신의 자의식을 반영하지요. 그래서 이 그림이 보여주듯 나혜석은 결국 서구 취향의 부르주아 계급 여성이었다고 평가하는 시각이 아직도 일반적입니다. 앞서 살펴본 문장에 등장하는 '구미 여성의 지위'에 대한 관심과 평가는 이런 해석에 힘을 실어줍니다.

나혜석의 사진.

나혜석의 자화상.

    그런데 이런 평가는 과연 적절할까요? 페미니스트 미술사학자 신지영은 한국 현대 여성 미술사를 연구한 책 『꽃과 풍경』에서 바로 이 질문을 제기합니다. 더 중요한 문제는 '그녀가 왜 구미 여성의 지위에 관심을 가졌으며, 자신을 전형적인 조선 여성으로 재현하지 않았는가?'일 테지요. 저는 나혜석의 '구미 여성의 지위'에 대한 관심은 앞에서 살펴본 동일 인용문의 첫째 문장, "사람은 어떻게 살아야 좋을까."와 연결 지어 생각할 필요가 있다고 봅니다. 여기서 나혜석은 동양 사람이나 서양 사람이나 서로 부러워하는 건 매한가지라고 말합니다. 결국 중요한 건 '우리가 조선에서 어떻게 사람으로 살아갈 것인가?'라는 뜻이지요. 이런 시각은 당시 다른 조선 지식인들과 비교해볼 때 도드라지는 독특한 시각입니다. 비슷한 시기를 살았던 다른 조선 지식인들은 대체로 개화사상에 입각한 진화론적 시각을 가지고 있었습니다. 쉽게 말해 서구와 일본은 조선보다 앞선 사회이고, 우리는 이들을 따라 배워야 한다는 시각이죠. 그런데 나혜석은 (비슷한 시기에 쓰인 「구미 만유기」에서 더 뚜렷하게 나타납니다만) 우리가 잘 알고 있는 용어로 일종의 '문화상대주의적 시각'을 보여주고 있습니다. 이는 어느 한 문화권이 다른 문화권보다 더 우세하다고 볼 수 없다는 시각입니다. 그녀에게 서구는, 구미 여성의 삶은, 조선 여성으로서의 경험에서 비롯된 질문들에 대한 일종의 레퍼런스로 기능했던 것이지요. 이런 고민을 '서구 취향 부르주아 계급 여성'의 한계로 치부하고 말 것인지 좀 더 생각해볼 필요가 있습니다.

나혜석이 1918년에 쓴 소설 「경희」는 이광수의 1917년 소설 「무정」의 뒤를 이은 한국 최초의 근대 소설입니다. 또 그녀는 여성으로서는 최초, 남녀 합해서도 네 번째로 서양화가가 된 사람이며, 1921년 서울 경성일보사에서 가진 개인전은 경성 최초의 양화 전시였습니다. 아시다시피 소설과 회화는 모두 서구를 중심으로 한 근대의 산물입니다. 이때 최초의 근대적 소설을 쓴 이광수를, 최초의 근대적 회화를 그린 고희동을 '서구 취향의 부르주아 계급 남성'으로 한정 지으며 그들 작품의 한계를 논하지는 않거든요. 오히려 그들은 조선 최초의 근대적 지식인이자 예술가로 기록됩니다. 친일 경력이 문제될 때가 있습니다만, 그렇더라도 시대적 맥락에서 그들의 작품이 갖는 의미가 축소되지는 않지요. 그래서 신지영은 신여성들의 사랑과 연애, 결혼, 성에 대한 절절한 고민을 담은 글들과 예술작품들의 의미를 생물학적 여성의 이해관계로 한정하거나 소위 '유한계급'의 한가한 고민 정도로 축소할 것이 아니라 시대적 맥락 속에서 생겨난 일종의 사상으로 파악할 필요가 있다고 지적합니다.

우선 당시 조선 여성들의 삶이 어떠했기에 이런 질문들이 제기되었을지 함께 생각해봅시다. 조선은 유교 질서가 지배하는 사회였지요. 조금 더 구체적으로는, 조선 중기 이후 조선 사회를 장악한 성리학적 질서에서 여성의 삶을 규정한 것은 '내외법'이었습니다. 여성은 안, 남성은 바깥임을 의미하는 이 단어는 언뜻 생각하기에 은유적인 표현으로 들리지요. 그런데 그렇지가 않습니다. 조선 사람들이 집을 지을 때 가장 큰 관심사는 여성들을 가둬놓을 수 있는 안쪽 공간을 마련하는 것이었다고 합니다. 그리고 이 '안'과 '밖'의 질서는 여성의 일과 남성의 일이 따로 있다는 조선식 성역할과 연결됩니다. 여성들은 안채에서 매일의 재생산과 관련된 일을 한다면, 남성들은 바깥채에서 크고 중요한 일을 한다는 관념이 바로 그것이지요. 매일매일 살기 위해 필요한 일들은 몸을 쓰는 일, 꼭 필요하지만 천한 일, 여자들과 노비들이 하는 일이었던 반면, 바깥일은 경전과 관련된 일, 크고 중요한 일, 남자들과 양반들이 하는 일이었습니다. 흥미로운 사실은 조선에서의 바깥일은 생계부양과는 그다지 관련이 없다는 점입니다. 생계부양을 위해 몸을 써야 하는 일은 조선에서는 여자의 일, 노비의 일, 안채의 일이었지 큰일 하는 남자의 몫이 아니었습니다. 현대 한국에서도 자신은 크고 중요한 바깥일 하고 다닌다며 실제 생계부양은 부인들에게 의지하는 남성들을 심심찮게 찾아볼 수 있는 문화적 이유가 여기에 있지 않을까 싶습니다. 또 조선의 내외질서가 서구 근대의 공사 영역과 비슷한 듯 다른 점이 바로 이것이지 않을까 하는 생각도 해봅니다.

이렇다 보니 조선의 양반집에서는 안채 여성들 사이의 관계(시어머니와 며느리), 그리고 바깥채 남성들 사이의 관계(아버지와 아들)가 부부 관계보다 더 중시되었습니다. 사실 부부 관계는 대를 잇기 위한 아들 생산에 방점이 찍힌 도구적인 관계였다고 봐야 할 겁니다. 저는 현대 한국 사회에서도 쉽게 볼 수 있는 도구적 부부 관계의 원형을 여기에서 찾을 수 있다고 봅니다. 그러니까 조선은 동성 간 관계가 가장 중요한 인간관계인, 거대한 동성사회 집단이었던 것이죠. 여담입니다만 드라마 「성균관 스캔들」의 원작인 로맨스 소설 『성균관 유생들의 나날』, 『규장각 각신들의 나날』은 조선의 이런 특성을 로맨스적 상상력으로 유쾌하게 뒤집어버린 텍스트라고 할 수 있습니다. 단막 드라마 「형영당 일기」도 이런 맥락에서 한번 살펴볼 만하고요.

조선에서 언젠가 시집을 가 출가외인이 되는 딸은 그렇게 중요한 가족 구성원이 아니었습니다. 여성의 진정한 가족은 남편의 가족이었지요. 또 '며느리'는 집안에서 가장 낮은 위치에 있는 노비와 다를 바 없는 지위의 이름이었습니다. 현대 한국 사회에서 여성들의 지위는 과연 얼마나 많이 달라졌을까요? 이와 관련해 나누고 싶은 흥미로운 현상이 있습니다. 대학에서 강의할 때 가끔 명절 참여관찰문 쓰기를 숙제로 냅니다. 최근 몇 학기 동안 대학생들의 명절 참여관찰문을 읽어보니 명절에 가장 행복한 가족 형태가 아주 명확하게 드러지더라고요. 여러분이 생각하시기에 어떤 가족이 별 문제 없는 행복한 명절을 보낼 것 같으세요? 제 수업을 들은 학생들의 경우, 이혼한 가족들이었답니다. 이혼을 했기 때문에 명절 노동을 둘러싼 성별분업과 갈등, 남성 가족 구성원들이 주축이 되는 친척 간 분쟁을 겪지 않아도 되었기 때문이죠.

그렇지만 조선 시대에 이혼은 어림도 없는 일이었지요. 혼인이 신분 유지의 가장 강력한 기제였기 때문입니다. 그러니 당사자 간 자유의사에 의한 혼인이란 불가능한 일이었고, 혼인을 중심으로 여성의 섹슈얼리티를 그토록 강력하게 통제한 이유도 바로 신분 질서의 변동을 막기 위해서였습니다. 조선은 일부다처제 사회였기 때문에 첩을 둘 수 있었는데 이를 그냥 내버려두면 양반의 숫자가 늘 수밖에 없었습니다. 그러면 소수 기득권의 이해가 보장되기 어렵기 때문에 양반들은 혈통에 엄격한 제한을 가한 거예요. 혈통의 좋고 나쁨은 일차적으로는 아버지의 지위, 그다음이 부인으로서 어머니의 서열에 의해 결정되었습니다. 잘 아시다시피 첩의 자식은 아버지의 지위가 아무리 높아도 '서자'라 하여 어느 정도 이상의 지위에 오를 수가 없었지요. 영·정조 시대에 만들어진 '과부 재가 금지법'은 여성의 섹슈얼리티를 통제함으로써 남편-아버지의 혈통의 의미를 보존하고자 한 법입니다.

이렇게 규제를 했지만 조선 후기로 올수록 양반의 숫자는 늘어납니다. 앞서 이야기했듯 양반으로서 크고 중요한 바깥일을 한다며 몸 쓰는 일을 하지 않는 남성들을 먹여 살린 것이 바로 여성들의 몸 쓰는 일이었습니다. 게다가 성리학적 질서가 양민과 노비에게까지 확대되면서 남녀 성역할은 더욱 강화됩니다. 근대 초기 소설들은 이런 상황을 잘 보여줍니다. 저는 이 소설들을 수능시험 치르느라 열심히 읽었는데, 정말 경악스러웠어요. 김동인의 「감자」나 이상의 「날개」 같은 소설들에서 여성들은 성노동을 비롯한 온갖 일을 감수하는 실질적인 생계부양자로, 남성들은 노름이나 술에 빠져 일에는 관심 없는 사람들로 등장합니다. 그런데 국어 선생님들은 이걸 '일제시대의 곤궁한 사회 현실'로만 가르치더라고요. '가난해서 힘들었다면 모두가 힘들었을 텐데, 왜 여자들은 죽도록 일하는 반면 남자들은 절망적인 분위기에 빠져 허우적대다 결국에는 그 여자들의 성과 죽음까지 파는 것일까?' 그런 의문을 가졌던 기억이 납니다.

　　　이런 상황이 나혜석 당시 조선 여성들이 처한 상황
이었다고 할 때, 나혜석을 비롯한 소위 '신여성'들이 주장한
'자유연애'는 우선 신분에 얽매이지 않는 개인들을 전제로 합
니다. 그런 개인들 간의 만남이 '자유연애'라는 것이지요. 그
렇기 때문에 이는 당시 반상노비 차별, 적서 차별을 철폐하고
자 한 개화 운동과 맥을 같이한 사상으로 파악해야 합니다. 또
'창조주를 모시고 있는 인간은 신분고하나 적서자 구별 없이
모두 귀하다.'라는 서학, 즉 기독교의 가르침, 그리고 이를 재
해석하여 당시 민중들에게 강한 호소력을 발휘한 동학도 신
여성들의 주장과 관련한 중요한 배경입니다. 「이혼 고백장」에
나오는 C는 최린이라는, 당시 동학 천도교의 지도자급 인물
이었죠. 즉 인간은 남녀가 유별하지 않고 평등하며, 신분 유지
를 위한 집안 간 만남으로서 혼인하는 게 아니라 평등한 개인
들이 자유의사에 따라 성애적 만남을 가질 수 있다고 한 이 주
장은 당시 사회에서 하나의 혁명이었습니다. 이런 사상을 대
표한 인물들로 최초의 여성 가수 윤심덕, 나혜석과도 친분이
있었으며 《신여자》라는 최초의 여성잡지를 발간했던 김원주,
그리고 나혜석을 들 수 있습니다.

특히 나혜석은 「원한」, 「규원」 같은 소설에서 이 시대 조선 여성들의 파란만장한 삶을 낱낱이 고발합니다. 두 소설 모두 양반 가정에서 태어난 여성들이 젊은 나이에 과부가 되자 '주인 없는 여자'라고 여긴 주변 남성들에게 강간을 당하고(당시 용어로는 '정조를 빼앗기고') 비참한 삶을 살게 되는 반면, 강간범 남성들은 아무런 타격도 받지 않습니다. 또 여성들을 '등쳐먹고' 사는 남성들에 대한 예리한 시선도 잘 드러나 있습니다.

나혜석의 삶, 여성의 위치와 남녀 관계에 대한 질문들은 바로 이런 맥락에서 이해되어야 합니다. 여기서 나혜석이 그린 다음 페이지의 그림을 봅시다. 바이올린을 들고 있는 여성, 그녀는 예술가로서의 삶을 치열하게 고민한 나혜석 자신을 형상화한 모습일 것입니다. 갓 쓴 양반들은 "아따 그 계집애 건방지다 저것을 누가 데려가나"라고 비난하고 있습니다. 그런데 중절모를 쓰고 양복을 입고 스틱을 짚은 청년은 "쳐다나 보아야 인사나 좀 해보지"라고 비난하고 있지요. 구남성이나 신남성 모두에게 예술가인 여성은 일차적 관심이 예술인 여성, 따라서 남성을 우선시하지 않는 여성, 그리하여 건방진 여성이 되는 것이죠.

《신여자》 2호에 실린 나혜석의 판화 「저거시 무어신고」(1920).

그렇지만 나혜석은 일본 유학, 예술가로서의 삶, 연애와 결혼, 출산 그리고 구미 만유를 통해 자신의 질문에 대한 나름의 답을 찾아갑니다.

근대 자본주의의 사랑, 결혼, 섹슈얼리티

사랑과 결혼, 섹슈얼리티에 대한 나혜석 시대의 문제의식을 이해하기 위해서는 1920년대 일본을 통해 소개된 엘렌 케이(Ellen Key)의 자유연애, 결혼, 자유이혼의 사상도 참고할 필요가 있습니다. 우리가 읽은 「이혼 고백장」에도 등장하는 엘렌 케이는 스웨덴의 교육학자입니다. 그녀의 책들은 1910년대 중반 이후 일본어로 번역되었고, 1921년부터 조선에도 소개됩니다. 그녀의 주장은 간단히 말하면 "어떠한 결혼이든지 거기에 사랑이 있으면 도덕"[*]이며 이에 기반하여 부모가 되는 일은 국가의 부와도 연결된다는 것입니다. 그리고

---

[*] Ellen Key, *Love and Ethics*(New York: B.W. Huesch, 1912); 권보드래, 『연애의 시대』(현실문화연구, 2003), 108쪽에서 재인용.

사랑이 없는 결혼은 유지하기보다 자유의사에 의해 이혼해야
한다는 것이지요.

　　　이런 주장은 근대 '낭만적 사랑(romantic love)' 제도
의 핵심입니다. 서구에서는 프랑스 혁명 전후로 공사 영역이
구별되는 것으로 구성되면서 '핵가족의 승리'라고 부를 만한
현상이 나타났습니다. 과거 신분 질서를 유지하기 위한 친족
체계로부터 벗어나고 있던 이성애 핵가족이 성을 포함하여
모든 기능을 흡수하고 규범과 기준을 정하는 제도가 된 것이
지요. 남녀 간의 낭만적 사랑이 핵가족의 이상을 실현할 결혼
으로 통합되었으며, 결혼 내의 성만이 '정상적'이고 '합법적'
인 성으로 자리 잡기 시작했습니다. 이는 남녀 간의 낭만적 사
랑, 결혼, 섹슈얼리티가 일치되는 제도 및 이데올로기 그리고
제도로서 이성애의 성립을 의미합니다. 남녀 간의 사랑을 제
외한 다른 사랑은 모두 변태로 모는, '변태의 발명'을 의미하
기도 했죠.

　　　그런데 문제는 근대 이성애 핵가족 관계에서 남녀는
평등한 개인들일 수가 없다는 점입니다. 부부애를 중요시하게
되며 구질서에 비해 '아내로서의 여성'의 지위는 상승된 측면
이 있습니다. 그래서 언뜻 이성애 핵가족의 부부는 평등한 관

계로 여겨지기도 합니다. 그렇지만 여기에는 강화된 성별분업이 숨어 있습니다. 아내는 가사를 전담하고, 아이를 양육하며, 가족들에게 정서적 지원을 하는 사람으로 여겨지게 된 반면, 남성은 아내와 아이들을 먹여 살리는 생계부양자로 위치하게 되었습니다. 자연히 결혼의 전사로서 연애 관계에서도 이런 성별분업이 영향을 미치게 됩니다. 남성은 생계부양자로서 능력이 있는지, 여성은 그 성격과 외모가 '가정의 천사'에 걸맞은지가 연애 관계에서 매력을 결정짓는 요소가 된 거지요.

불문학자이자 인류학자인 재클린 살스비(Jacqueline Sarsby)는 『낭만적 사랑과 사회』라는 책에서 근대에 등장한 연애결혼이 그 이전 시기 일반적이었던 가문 간 결합으로서의 혼인과 질적으로 다르다고 보기 어렵다고 주장합니다. 쉽게 말해, 경제적 이유로 계급혼을 하는 건 중세나 근대나 마찬가지라는 거예요. 그녀는 이를 제도화된 구혼(courtship)과 연애결혼의 결합에서 찾습니다. 근대에 이르러 등장한, 자유롭고 평등한 개인들 간의 만남이라고 생각된 연애는 기실 성별분업에 걸맞은 짝을 찾기 위한 과정이고, 이것이 제도화된 구혼에서 잘 드러난다는 것이지요. 결국 구혼은 생계부양자로서의 능력을 상대적으로 자신하는 남성이 가정을 잘 돌볼 수 있는 적절한 여성에게 결혼을 청하는 행위로, 순전한 감정적 끌림만으로 이 행위의 제도화를 설명할 수는 없다는 겁니다. 소설 『오만과 편견』을 떠올려보면 쉽게 이해되실 거예요. 현대 한국 사회의 연애 관계에서 여전히 문제가 되는 '누가 고백할 것인가?'를 둘러싼 이야기들을 이와 연관 지어 생각할 수 있다고 봅니다. 이 문제는 앞으로 차차 살펴보겠습니다.

단적으로 말해서 이런 연애는 불평등한 남녀관계를 불평등하지 않은 것처럼 보이도록 하는 기제라고 할 수 있습니다. 게다가 이성애 핵가족은 자본주의가 필요로 하는 제도이기도 합니다. 노동자로서의 남성을 돌보고 미래의 노동자를 생산하는 모든 일(개념적으로는 '재생산'이라고 합니다만)을 아무런 비용 지불 없이 아내와 어머니라는 여성의 성역할에 맡기면 되니까요.

엘렌 케이는 자유이혼도 주장했습니다만, 이성애 핵가족 제도에서 경제력을 갖기 어려운 여성들이 과연 사랑이 없어졌다고, 혹은 다른 이유로 '자유롭게' 이혼하기가 쉬울까요? 그렇지 않지요. 이처럼 근대의 낭만적 사랑이 제도이자 이데올로기로 성립되면, 여성들은 사랑을 하기보다 사랑을 조절합니다. 1993년 이화여자대학교 여성학과에서 나온 박혜경의 논문 「여성의 경험을 통해 본 사랑과 결혼의 관계에 관한 연구」는 여성들이 사랑을 조절하는 과정을 잘 보여줍니다. 예컨대 결혼 전에는 결혼에 적합하지 않은 상대에게 좋은 감정을 느껴도 그것을 사랑으로까지 발전시키지 않고, 결혼에 적합한 상대와의 감정을 유지하고자 하는 노력이 다양하게 나타납니다. 결혼 후에는 관계를 깰 만한 일이 생겨도 되도록 부부 관계를 유지하는 방식을 '사랑'이라는 단어로 표현합니다. 정말로 평등한 개인들이라면, 혹은 평등에 가까운 관계라면, 조절보다는 협상을 하겠죠. 나혜석은 결혼 바깥의 관계, 남녀 섹슈얼리티 실천의 평등을 통해 이런 상황을 문제화하고 돌파하려고 했습니다만 사실상 '신남성'들은 여성과의 관계에 대해서는 '구남성'들과 별로 다르지 않았기에 그녀의 시도는 하나의 스캔들 정도로 취급되고 말았습니다.

2016년, 「청춘시대」:
근대의 낭만적 사랑이 갖는 딜레마의 극한

요즘은 한 번의 사랑과 연애가 결혼으로 연결되어야

한다거나 그런 관계에서만 성관계를 가질 수 있다고 생각하는 사람들은 많지 않겠지요. 그래서 나혜석 시대, 근대 초기와는 굉장히 다른 시대라고 생각하기 쉽습니다. 과연 그럴까요? 저는 오히려 근대의 낭만적 사랑이 갖는 딜레마가 극한에 도달한 것이 오늘날 우리가 사랑과 연애를 생각할 때 혼란과 두려움이 앞서는 근본 원인이지 않나 싶습니다. 「청춘시대」라는 드라마를 통해 이 점을 살펴보고자 합니다.

　　「청춘시대」는 2016년 여름 JTBC에서 12부작으로 방영된 드라마입니다. 방영 당시 시청률은 그리 높지 않았지만, 이 시대 서울에서 가장 '핫'하다는 지역 연남동의 셰어하우스 벨 에포크에 사는 다섯 명의 젊은 여성들이 경험하는 대학생활, 노동, 연애와 '원조교제', 성희롱과 데이트폭력을 구체적으로 풀어내어 꽤 화제가 되었습니다. 대부분의 비평은 신자유주의 시대 88만원 세대의 일상을 잘 다뤘다고 평했습니다. 그렇지만 당연히, 그게 다가 아니죠. 이 여성들이 경험하는 연애, 노동, 섹슈얼리티는 언뜻 보면 각자 다른 듯싶지만 실은 몹시도 닮아 있습니다. 연애는 잘 진행되지 않고, 노동은 힘들며, 섹슈얼리티는 폭력적인 경험으로 남습니다. 이 드라마에는 이처럼 등장인물 한 명 한 명의 경험이 갖는 개별성과

　　　　　　　　　　　　　　　이토록 두려운 사랑

이 개별적 경험들의 공통성, 즉 이 시대 연애와 노동, 섹슈얼리티를 관통하는 젠더 질서가 함께 잘 드러나 있습니다.

일단 등장인물들의 연애에는 무슨 문제가 있을까요? 이 드라마에 나오는 연애 관계에서 매력적인 남성과 여성을 구성하는 요소와 그 요소들의 위계적 관계는 결혼을 전제로 했던 근대 낭만적 사랑의 그것과 근본적으로는 별 차이가 없습니다. 남성의 경우, 생계부양자로서의 능력과 연결되는 학력, 학벌, 직업은 여전히 연애 관계에서 매력의 핵심 요소입니다. 그러니까 남성들은 성인이 되어 경제적으로 독립하고자 노력하는 과정에서 획득하는 사회적 위치와, 연애 관계에서 매력적인 남성이 될 가능성이 분리되지 않습니다. 여성들의 경우는 다르지요. 여성들에게도 경제적 능력을 갖추는 것이 중요해졌기 때문에 학력과 학벌, 직업은 중요합니다. 이것이 예전과 비교했을 때 변화라면 변화일 수 있겠지요. 그러나 연애를 할 수 있으려면 이런 능력보다는 '예쁘고 여성스러운 성격'으로 요약되는, 외모와 남성을 보완할 수 있는 성격이 더 필수적입니다. 이 드라마에서도 남성들은 여전히 여자 친구에게 '오빠'라는 말을 듣고 싶어 하고, 학력과 학벌이 상대 여성보다 좋지 않을 때 자격지심을 느낍니다. 그래서 좋은 대학을 다니며 주위 인물들의 변화를 그 누구보다 빨리 인지하고 도움을 주는 인물인 송지원은 '말이 많고', '드세며', '눈치가 없다'는 이유로 연애를 하지 못합니다. 반면 여자 친구보다 낮은 학벌에 늘 자격지심을 느끼며 이를 폭력적으로 표현하는 고두원이 연애를 하는 데는 별 문제가 없습니다. 이처럼 근대 낭만적 사랑에서 찾아볼 수 있는 '관계와 욕망의 자율적 주체로서의 남성', '물화된 대상으로서의 여성'이라는 기본 틀은 여전히 유지되고 있습니다. 물화된 대상이 되어야만 사랑하려는 능동적 의지를 발현할 수 있는 여성들의 딜레마는 여기에서 비롯됩니다.

그렇지만 달라진 것도 있습니다. 이 변화는 중요한데요, 바로 남자들 간의 격차가 커지고 있으며, 따라서 남성 중심 체제의 혜택으로부터 주변화되거나 배제되는 남자들이 증가하고 있다는 사실입니다. 나혜석 시대 혹은 근대 초기만 하더라도 남성들이 여성들 전반에 대해 총체적 우위를 점하고 있었다면, 지금 이 시대에는 남성들 간의 격차가 증가하고 소수의 여성들이 이 체제의 중심에 포함되는 현상을 관찰할 수 있습니다. 이 여성들은 시대의 변화에 따라 재정의된 남성다움을 성취한 이들이 대부분입니다. 또한 주변화되는 남성들과

이토록 두려운 사랑

중심에 포함되는 여성들이 생겨나면서 남성 중심 체제는 끝났다, 오히려 여성 우위 시대가 도래했다는 인식이 생겨났습니다. '남성 역차별' 같은 용어가 이런 인식을 보여줍니다. 그러나 이는 착시현상입니다. 이런 변화 속에서 대부분의 여성들은 더욱 주변화되고 배제되고 있거든요. 남성 간 격차의 증가는 여성이 남성의 우위에 서게 되었기 때문이 아니라, 남성 중심 체제가 그 운영원리를 변화시키면서 벌어지는 현상이라고 봐야 할 것입니다. 근대 자본주의의 극한이라고 할 수 있는 신자유주의 하에서, 예전보다 더 적은 숫자의 남성 그리고 새롭게 체제의 중심에 포함된 극소수의 여성에게 부와 권력이 집중되고, 어떤 남성들과 대부분의 여성들은 배제되고 차별받는 현실이 도래한 겁니다.

이런 현실이 드라마에서도 잘 나타납니다. 고졸 셰프, 부유한 여성들에게 섹슈얼리티를 파는 남성 호스트부터 한 달에 300만 원을 혼외 연애 관계의 애인에게 줄 수 있는 치과의사까지 남성들 간 격차 증가를 보여주는 구체적인 남성 인물들이 등장합니다. 그리고 바로 이 격차가 남성이 여성과의 연애에서 경험하는 엄청난 긴장과 갈등, 그리고 가해자로서의 섹슈얼리티 폭력으로까지 이어집니다. 예컨대 고졸의 학력으로 셰프로 일하고 있는 재완은 좋은 대학을 다니는 진명에게 자격지심을 느끼고 다가가기 어려워합니다. 그가 그녀에게 다가갈 수 있게 되는 것은 이 격차를 상쇄하는 진명의 가난과 상처, 고통 때문이지요. 여자 친구보다 '서열이 낮은' 대학에 다니는 두영은 결국 자격지심으로 데이트폭력을 저지릅니다. 그러니까 연애 관계에서 남성들은 자신의 능력을 구성하는 요소들이 여성들의 그것보다 '낮다'고 느낄 때 긴장을 느끼고, 어떤 남성들은 폭력을 통해 이 긴장을 해소하려고 하는 거지요. 이는 남성성이 여성성보다 우위의 것으로 구성된 근대적 젠더 질서의 변화 조짐이 남성들에게 엄청난 심리적 부담으로 작동하고 있음을 보여줍니다.

이 변화 조짐의 한편에, 앞서 언급했듯 여성들에게도 경제적 능력의 중요성이 커졌다는 현실이 있습니다. 그렇지만 '잘 나가는 커리어우먼' 같은 이미지를 벗어나 실제 여성들이 처한 노동 조건과 환경을 들여다보면 어처구니가 없을 정도로 열악합니다. 게다가 많은 여성들이 가족을 돕거나 부양까지 해야 하는 처지이지요. 이런 문화적 맥락은 통계에서도 잘 드러나지 않습니다. 「청춘시대」에서 윤진명은 세 개의 고정 알바(과외, 레스토랑 서빙, 편의점 알바)와 부정기적인 알바를 통해 번 돈으로 대학생으로서의 삶을 유지하는 한편 식물인간이 된 남동생의 병원비까지 감당합니다. 과연 그녀의 삶은 나혜석 시대 노름과 술에 빠진 남성들을 대신해 가족의 생계를 부양해야 했던 여성들과 얼마나 달라진 것일까요? 청년 남성들의 경제적 삶도 이전 시대 남성들에 비해 어려워진 것은 사실이지만, 동세대 여성들에 비하면 평균 취직률이나 평균 임금은 훨씬 높습니다. 청년 남성들이 이를 실감하기 어려워하는 것도 이해가 안 되는 것은 아닙니다만, 동세대 여성의 삶은 동세대 남성의 삶과 비교해야지 이전 세대 여성의 삶과 비교할 일은 아니라는 점이 중요합니다. 그러므로 청년 세대의 어려움에 대한 설명과 문제화, 그리고 대안은 세대 격차와 젠더 격차를 항상 함께 고려해야 합니다. 그러지 않으면 결국 청년 남성 중심의 이야기가 되고 말지요.

상황이 이러하니 이 드라마의 강이나와 같은 젊은 여성들, 즉 젊음과 섹슈얼리티를 팔아 삶을 영위하는 경우들도 등장합니다. 그녀의 일은 윤진명의 일에 비해 시간당 단가가 비교할 수 없을 정도로 높고, '일'이랄 것도 없어 보입니다. 그래서 언뜻 윤진명의 노동과 강이나의 노동은 대척점에 놓여 있는 것처럼 보입니다. 그러나 이 드라마는 가장 처절하고

1강 우리의 사랑은 왜 불안하고 혼란스러운가

놀랍고 또 아름다운 방식으로 이들의 노동과 폭력적 섹슈얼리티 경험이 어떻게 연결되어 있는지를 보여줍니다. 윤진명은 일하는 레스토랑 매니저로부터 성희롱을 당합니다. 사실 이 상황을 다루는 것 하나만으로도 볼 가치가 있는 드라마입니다. '위계에 의한 직장 내 성희롱'의 표본과 같은 상황이 등장하거든요. 가해자는 상사라는 자신의 위치와 진명의 절박함을 이용해 회유, 폭력, 협박을 골고루 구사하면서 진명에게 성(폭력)적으로 접근합니다. 진명은 당장 편한 자리에 자신을 배치할 수 있고 나아가 지긋지긋한 알바 생활을 끝낼 수 있도록 정직원 자리를 제안하는 매니저에게 당장 성(폭력)적 접근을 거부하는 행동을 하지 못합니다. 결국 이를 거부하고 돌아와 잠든 이나를 보면서 진명은 이나와 자신이 다르지 않음을, 자신은 이나만큼의 유혹을 받지 않았을(혹은 않을 수 있었을) 뿐이었음을 깨닫습니다.

강이나는 세월호를 연상시키는 익사 사건의 트라우마로 '막 살겠다'고 결심한 후 이런 삶을 삽니다. 그래서 그것은 개인의 선택으로 보입니다. 그러나 이 선택이 순전히 그녀의 자유의지에 의한 것일까요? 그전에 젊은 여성이 '막 사는' 방식으로 성매매를 쉽게 '선택'할 수 있는 구조가 이미 굳건히 자리 잡고 있다는 점을 생각해봐야겠지요. 그러니 사실 성매매나 성희롱은 모두 노동자로서 여성의 낮은 지위와 관련이 있습니다.

여성에게 성적 욕망이 없는 것은 아닙니다. 드라마의 여성들은 남성들과 관계를 맺으며 인간으로서 당연히 갖는 관계에 대한 갈망과 성적 욕망을 추구하지만 잘되지 않습니다. 여성들에겐 자율적인 성적 욕망의 추구라는 이상과 물화된 성적 대상이 되어야 하는 현실 사이의 간극이 두려움, 때로는 공포라는 감정까지 자아냅니다. 남성들은 이제까지 체화해온 이상적 남성성의 균열로 인해 자아와 관계의 재조정이 필요해지면서 혼란을 느끼고 있는 것으로 보이고요. 여담이지만 이런 면에서 이 드라마가 귀신 이야기를 등장시키며 일종의 스릴러 장르를 도입한 것은 설득력이 있어요. 그래서 저는 우리 시대의 사랑과 연애를 '새로운 남녀 불평등 현실에서 여성성과 남성성에 대한 모순적 기대가 극화되는 장'이라고 표현할 수 있다고 생각합니다.

한국 사회에서 공식적으로 남녀평등이 제기된 때는 1987년 남녀고용평등법이 제정되면서부터입니다. 1993년에 와서야 대기업들이 대졸 여성을 공채로 뽑기 시작했습니다.

2005년이 되어서야 조선의 내외법과 일본의 이에 제도[家制度]를 결합한 호주제가 폐지되었습니다. 2017년 87년 체제 30주년을 맞이해 민주화에 관해 많이 논의되었습니다만, 한국 사회의 민주화를 다룰 때 남녀평등의 공식화와 그에 따른 변화 역시 반드시 다뤄져야 합니다. 여하튼 이처럼 한국 사회에서 남녀가 평등해야 한다고 이야기되기 시작한 것 자체가 30년 정도밖에 되지 않았습니다. 남성과 같은 직종에 종사하는 여성들은 여전히 남성이 받는 임금의 50~70퍼센트 정도밖에 받지 못합니다. 그러니 평등하다고 주장되지만 실제로 평등하지 않은 현실에서, 연애라는 장에서만큼은 남성과 여성이 각자의 모순적인 욕망을 표현하고 있는 것이지요.

1987년부터 남녀평등이 공식화되었다고 했는데, 또 한편으로는 '평등'이라는 용어가 사회적인 담론에서 사라진 지 꽤 오래 되었습니다. 2000년대 이후 한국 사회를 지배한 용어는 '평등'이 아니라 '자기계발'이죠. 사랑과 연애도 여기에서 벗어나지 않을 뿐 아니라 더욱 자기책임이 강조되었습니다. 사랑은 개인적인 감정으로, 연애는 사적인 관계로 생각되니 자기계발과 자기책임으로 이야기하기에 그야말로 안성맞춤인 주제가 된 거지요. 그러니 데이트 비용도, 데이트폭력

이토록 두려운 사랑

도 각자 혹은 둘이 알아서 할 문제로 흘러온 지 10여 년이 넘은 겁니다. 이것이 쌓이고 쌓여서 폭발한 게 최근 몇 년 사이 벌어진 일련의 '여성혐오' 사태들일 것입니다. 여기에 대해서도 앞으로 차차 다루겠습니다.

그리하여 우리는 다시, 나혜석의 질문으로 돌아갑니다. '사람들이 평등하지 않은 사회에서 남녀는 어떻게 자유롭고 평등한 사랑을 할 수 있을까?' 우리 강좌를 관통하는 하나의 질문이 있다면 바로 이 질문이 되겠습니다. 오늘 강의는 이정도로 마치겠습니다.

질문과 토론

Q 보통 남성들에게 요구되는 남성성을 지니지 않은
남성을 사귀었는데, 오히려 이 친구가 보통 남성들보다
더 폭력적이라고 느낀 경험이 있습니다. 이런 경우는
어떻게 설명이 가능할까요?

> **A** 헤게모니적 남성성이라는 개념이 있습니다.
> 특정 시공간에서 이상적인 남성성이라고 동의되고,
> 남성 중심 체제를 유지하는 데 필수적인 남성성을
> 헤게모니적 남성성이라고 합니다. 예컨대 현대 한국의
> 헤게모니적 남성성은 어떤 형태를 띠고 있을까요?
> 남성 중심적 신자유주의 사회인 한국에서는 전문직
> 내지는 정규직으로서의 삶의 양식(의사, 판사, 변호사,
> 교수 등 전문직, 고위 공무원, 대기업 화이트칼라,
> 군필, 생계부양자, 재생산 노동 회피)을 유지할 수
> 있는 남성이 표준적 남성으로 자리하고 있습니다.
> 그런데 모든 개인 남성들이 이 모든 요소를 다
> 갖출 수 있나요? 불가능하지요. 그래서 헤게모니적
> 남성성이 어떤 형태로 존재한다고 해서 곧바로 개인
> 남성들이 모두 이런 남성성을 지니고 여성들을

총체적으로 지배한다는 의미는 아닙니다. 사실 수적으로 따지면 헤게모니적 남성성을 지닌 표준적 남성보다 그렇지 못한 남성이 더 많지요. 그러나 남성 중심 체제 하에서는 헤게모니적 남성성이 이상적인 것으로 간주되므로, 그것을 지니지 못한 남성들도 헤게모니적 남성성을 부정하고 대안적 남성성을 발전시키기기는 쉽지 않습니다. 그보다는 헤게모니적 남성성을 획득하려고 노력하고, 그것이 안 될 때 자신을 비하하는 게 일반적이겠지요. 어떤 남성들의 경우 이런 자기비하를 여성에 대한 폭력으로 해소하려고 합니다. 그것만이 헤게모니적 남성성을 지니지 못한 자신을 '남자'로 느끼게 하기 때문이지요. 그러니까 돈도 별로 없고, 돈 벌 '능력'도 없으며, 군대를 다녀오지 않았고, 신체적으로도 여성인 나보다 우위에 있지 않은 남성이 정서적·신체적으로 폭력적일 가능성은 얼마든지 있습니다.

Q 그렇다면 남자와 과연 연애가 가능할까요?

A 제 생각에 연애에서는 어떤 의미로든 너무
전략적이면 오히려 망하는 것 같아요. 무슨
말인가 하면, 소위 표준적 남성을 만나고자 하는
전략만큼이나 위험한 것이 그 대척점에 있는 것 같은
남성을 고르려는 것이지요. 앞에서 이야기한 것처럼
그런 남성이 표준적 남성보다 더 나은 상대라는
보장이 없거든요. 그리고 근본적으로는 어떤
전략이든 자기 인생의 가치나 행복을 상대방을 통해
추구하려고 하기 때문에 위험합니다.
저는 우리가 남성성과 여성성의 구성에 대해 배우고
더 알려고 노력하는 이유가 더 나은 상대를 찾기
위해서라기보다 더 나은 자신이 되기 위해서여야
한다고 생각합니다. 스스로 독립적이면서 성찰적인
인간관계를 맺을 수 있을 때 연애에서도 좋은
인연을 맺을 수 있겠지요. 그런 의미에서 여성 혹은
남성으로서의 나는 이 사회에서 어떤 여성성과
남성성을 습득해왔고, 때로는 저항해왔으며, 그 결과

친밀한 관계에서 무엇을 원하는 사람이 되었는지 알려고 하는 노력이 필요합니다. 우리는 연애를 하면서 이런 고민을 많이 하게 되지요. 그러니 한 번의 연애를 통해 완벽한 사람을 만날 수 있으리라는 기대를 버리고, 나 자신과 타인에 대해 공부하는 기회라는 생각을 가지고 처음에는 낯선 타인과 친구가 된다는 마음으로 좀 더 가볍게, 차근차근 연애에 접근해보는 것은 어떨까 싶습니다.

더 읽을거리

1 권보드래, 『연애의 시대: 1920년대 초반의 문화와 유행』(현실문화연구, 2003).

2 김은실, 「조선의 식민지 지식인 나혜석의 근대성을 질문한다」, 《한국여성학》 제24권 2호(2008).

3 나혜석, 이상경 엮음, 『나혜석 전집』(태학사, 2002).

4 다가 후토시, 책사소 옮김, 『남자문제의 시대: 젠더와 교육의 정치학』(들녘, 2017).

5 마르티나 도이힐러, 이훈상 옮김, 『한국의 유교화 과정』(너머북스, 2013).

6 박혜경, 「여성의 경험을 통해 본 사랑과 결혼의 관계에 관한 연구」(이화여자대학교 여성학과 석사학위논문, 1993).

7 신지영, 『꽃과 풍경: 문화연구로 본 한국 현대 여성미술사』(미술사랑, 2008).

8 재크린 살스비, 박찬길 옮김, 『낭만적 사랑과 사회』(민음사, 1985).

1990년대, 연애의 (재)탄생

1987년 민주화 이후, 연애의 시대

영화 「접속」(1997)

영화 「정사」(1998)

드라마 「응답하라」 시리즈 (2012, 2013, 2015~2016)

민주화 이후,
개인성과 새로운 친밀성에 대한 열망의 등장

지난 시간에는 나혜석을 비롯한 근대 초기 신여성들의 사랑과 연애, 결혼과 가족에 대한 질문을 살펴보았고, 이 질문이 오늘날에도 여전히 유효한 질문이라는 점을 드라마 「청춘시대」를 통해 살펴보았습니다. 그러면서 우리 시대의 연애는 '새로운 남녀 불평등 현실에서 남성성과 여성성에 대한 모순적 기대가 극화되는 장'이라고 표현했습니다. 조금 더 구체적으로는 남성들 간 격차가 커지고 중심에 포섭되는 여성들이 생겨나는, 경제적 양극화와 새로운 남성 중심 체제의 젠더 논리가 교차하면서 빚어내는 상황이 우리 시대 연애와 사랑에도 그대로 투영되고 있다는 이야기였습니다.

한국에서 공식적으로 남녀평등이 제기된 때가 그리 오래되지 않았다고 말씀드렸습니다. 그리고 그 시기는 1987년 민주화와 겹쳐집니다. 그러니까 성평등에 대한 본격적인 사회적 토론은 1987년 이후 개인의 인권과 자유 같은 개념이 한국 사회의 지배 담론으로 본격 등장하면서 가능해졌습니다. 1990년대 초반부터 개인의 자유를 억누르는 가족주의나 민족주의 같은 집단주의에 대한 문제제기가 시작되었습니다. 물론 이 시기에도 가족주의에 대한 옹호는 강력했습니다만, 호주제가 빚어낸 한국 가족의 독특한 억압적 양상, 어린이와 10대의 인권, 가정폭력 등의 문제가 가시화되면서 가족 내부의 민주화나 가족 구성원 중 약자인 이들의 인권에 관한 논의가 등장하기 시작했습니다.

이런 사회적, 시대적 배경 하에서 연애의 대중화 현상을 이해할 수 있습니다. 신여성 이후 또 한 번 여성들의 집단적인 자기 정체성 자각이 벌어진 겁니다. 청소년 집단도 일방적인 규제의 대상이던 상황에서 벗어나 개인의 고유한 영역을 발견하는 데 관심을 갖게 되었고요. 그럴 때 연애는 자신을 설명하고 표현하는 대표적인 영역으로 재등장합니다. 오늘 강의의 제목을 '1990년대, 연애의 (재)탄생'이라고 붙인 데는

이토록 두려운 사랑

이런 이유가 있습니다. 저는 현재 제 또래의 많은 드라마 프로듀서, 예능 프로듀서, 작가 들이 끊임없이 연애를 다루는 미디어 콘텐츠를 만드는 중요한 이유 중 하나가 바로 그들이 90년대라는 '연애의 시대'에 청년기를 보냈기 때문이 아닌가 생각합니다.

당시 대학가를 중심으로 벌어진 새로운 스타일의 페미니스트 운동을 영 페미니즘 운동, 그 운동의 주체들을 영 페미니스트라고 불렀는데요. 이 시기 영 페미니즘 운동에서 '연애'는 중요한 테마였습니다. 법과 제도화에 관심이 많았던 이전 시기 페미니즘에 비해, 일상에서의 변화에 관심이 많았던 90년대 영 페미니즘에서 연애 관계는 바로 그 변화가 일어나야 하는 핵심적인 장소였기 때문이지요. 예를 들자면 1998년 연세대학교 영 페미니스트 집단이 발행한 《두입술》의 창간호 주제가 바로 연애였습니다. 다른 영 페미니스트 집단들이 중요하게 다룬 주제에서도 연애는 빠지지 않았지요. 영 페미니스트들의 관심뿐 아니라 대중적으로도 연애가 더 이상 결혼을 위한 과정이 아니라 그 자체로 하나의 중요한 관계 맺음의 장으로 등장하면서 사랑과 연애, 결혼과 성이 일치해야 한다는 근대 이성애의 규준이 깨어져나가기 시작합니다. 지난 시간에 이야기한, 근대에 등장한 '이성애 핵가족의 승리'라는 서사가 한국에서 통용될 수 있었던 시기는 1960년대부터 1980년대 정도까지라고 봅니다. 90년대에 와서 이것이 깨지기 시작하는 거죠.

이런 90년대의 상황을 잘 보여주는 영화가 1997년 작 「접속」과 1998년 작 「정사」입니다. 다들 보셨나요? 아마 저와 나이가 비슷하거나 좀 더 많은 분들은 추억 여행을, 제목만 들어봤던 분들은 1990년대에 관한 인류학적 관찰을 하는 기분으로 보시지 않았을까 싶습니다.

「접속」을 만든 장윤현 감독은 1980년대에는 「파업전야」, 「오! 꿈의 나라」 같은 노동운동 성향의 극영화를 만들었는데, 1990년대에 와서는 「접속」 같은 멜로영화를 연출했습니다. 당시에는 이런 변화가 감독 개인의 관심의 변화라기보다 80년대에서 90년대로의 변화, 즉 거시적인 변혁에의 요구에서 일상과 관계에 대한 관심으로의 변화를 의미하는 것으로 받아들여지기도 했습니다. 사실 이 시기에는 정말 많은 연애 영화들이 만들어지고 또 수입되었습니다. 몇 작품만 읊어볼까요? 「비포 선라이즈」가 1996년, 「첨밀밀」이 1997년에 개봉했습니다. 왕가위 감독의 영화들도 1990년대를 주름잡은

이토록 두려운 사랑

장윤현 감독의 「접속」 포스터.

연애 영화들이죠. 그건 아마 1990년대가 한국뿐 아니라 전 세계가 제2차 세계대전 후의 냉전 이데올로기에서 조금은 자유로워진 시대였던 것과 상관이 있을 겁니다. 1989년에 베를린 장벽이 붕괴되고 1991년 소비에트 연방이 해체되면서 한동안 이데올로기의 시대는 끝났다는 기대 속에서 한 시절을 보낼 수 있었던 것이죠. 1990년대는 집단을 지배하는 이데올로기로부터 자유로운 '개인'의 시대, 그리고 그 개인들이 개인성을 발견하고 인정받을 수 있는 장으로서 '연애'의 시대였던 셈입니다.

「접속」과 「정사」를 포함해서 이 영화들은 모두 이처럼 '나'라는 개인을 발견하고 인정받을 수 있는 장으로서 사랑과 연애를 그리고 있습니다. 그러다 보니 이 영화들의 등장인물들에게는 기존의 가족이 그리 중요한 관계로 등장하지 않습니다. 「정사」는 중산층 이성애 핵가족 전업주부가 주인공으로, 이 경우에도 기존 가족을 벗어나 '나'를 인정받을 수 있는 장으로 사랑/연애가 그려지지요. 사람들은 이제 일터, 여행지, 고향을 떠나온 도시에서 우연히, 캐주얼하게 만나고, 다른 어떤 조건 없이 '그 사람'이기 때문에 끌리고, 결혼과 상관없이 섹스를 하고, 그러다 헤어지지요. 여기에서 '어떤 것으로도 환원할 수 없는 나'는 오로지 그 사람에게 끌리는 감정으로만 설명되는, 굉장히 낭만화된 개인으로 표상됩니다. 예컨대 「접속」에서 개인들을 설명하는 것은 가족, 혈연, 지연 같은 귀속적 지위가 아니라 과거와 현재 사랑의 상처, 원룸이 상징하는 개인적이고 고독한 상태 같은 것들입니다. 한석규가 연기한 동현은 과거 대학 시절에 삼각관계에 놓여 있었습니다. 결국 자신을 선택했다고 생각한 여자 선배는 전 남자 친구가 군대에서 자살하자 동현의 곁에서 홀연히 떠나 다시는 나타나지 않았고, 그렇기 때문에 동현은 일종의 멜랑콜리아 상태에서 일상을 보냅니다. 멜랑콜리아는 상실한 상대를 떠나보내지 못해 상실을 자기화해버린, 무덤과 같은 상태를 말합니다. 애착의 대상과 헤어지거나 혹은 죽었을 때 사람들은 곧바로 그 상태를 받아들이지 못합니다. 그래서 애착의 대상을 자기화해 스스로 무덤 같은 상태가 되는 겁니다. 살아 있지만 살아 있지 않은, 그런 상태라고 할 수 있습니다. 그렇기에 동현은 자신에게 거침없이 다가오는 성적 매력 충만한 은희를 받아들일 여유가 없습니다. 추상미가 연기한 은희라는 인물은 결혼과 상관없는 연애와 섹스를 즐기는 90년대식 여성의 대표적인 형상으로 그려집니다. 전도연이 연기한 수현은 자신의 친구와 연애 중인 기철을 남몰래 짝사랑하면서 이런 마음을 동현과의 PC통신으로 표현하고 해소하는 인물입니다.

　　이 영화에서는 지난 시간에 이야기한 근대의 낭만적 사랑이 변화하는 양상을 살펴볼 수 있습니다. 사랑과 연애, 섹스가 결혼·가족과 직접 연관을 맺지 않는 거죠. 영화「정사」에서는 직접 연관을 맺지 않는 것을 넘어 결혼·가족을 깨는 것으로까지 나옵니다. 근대의 낭만적 사랑에서는 결혼 내의 섹슈얼리티만이 정상적인 것으로 여겨졌기 때문에, 특히 여성이 결혼 바깥에서 추구하는 성적 실천은 문제적인 것이었습니다. 그러나 이 두 영화에는 결혼 바깥의 성적 실천에 적극적인 여성들이 등장합니다. 또 남성이 여성에게 먼저 고백하고 사귀어 결혼에까지 이르는 전형적인 성 각본(sexual script)을 따르지 않습니다. 성 각본 개념은 1960년대 이후 소비자본주의로의 변화, 청년 저항 운동, 페미니즘 제2물결의 도래라는 서구의 맥락에서 이해해야 하는 개념입니다. 1977년에 출판된 『성 각본: 여성 섹슈얼리티의 사회적 구성(*Sexual Scripts: The Social Construction of Female Sexuality*)』이 대표적인 연구인데요. 쉽게 말하자면 우리가 하는 성적 행위의 동기나 그것을 둘러싼 일련의 과정이 마치 배우들이 연기하는 각본과 같다는 말입니다. 그러니까 남성이 여성에게 먼저 다가가고, 고백을 하고, 여성이 이에 응하면 사귀게 되고, 사귀는 과정에서 남성이 보호자 역할을 자처하고, 여성은 감정노동을 하게 되는 일련의 과정이 미리 짜인 일종의 각본에 따른 배우의 연기와 같다는 개념입니다. 서구에서 이런 전형적인 성 각본으로서의 구혼 각본이 해체되기 시작하는 때가 1970년대인데, 그래서 당시 페미니스트들이 내놓은 새로운 용어가 데이트 각본(date script)입니다. 사회적인 변화의 와중에 미혼 시기가 길어지고, '데이트'라는 형태의 이성 간 만남이 일반화된다는 거죠. 데이트는 결혼이라는 목표가 선명하지 않습니다. 물론 결혼에서의 성이 여전히 이상적이고 합법적인 위치를 점하고 있기는 하지만, 데이트에서의 성적 행위는 자신의 매력을 증가시키는 하나의 수단이 되며 또래 친구들의 조언을 통해 특정한 방식으로 이루어집니다. 「접속」의 인물들이 보여주는 관계 맺음이 이에 해당된다고 할 수 있겠습니다.

성평등에 대한 낭만적 전망과 불평등한 노동조건의 공존

그렇지만 이 영화에서 또 하나 눈여겨볼 지점은 공적 공간에서 자유롭고 평등하게 만나는 듯 보이는 남녀들이 놓여 있는, 실제로는 불평등한 상황입니다. 이들의 일터는 당시 현대적이라 여겨지고 각광받았던 방송통신매체와 관련된 직장입니다. 그러나 남성들은 정규직인 반면 여성들은 프리랜서라는 이름의 계약직으로 일합니다. 동현은 라디오 프로듀서이고 은희는 프로듀서와 함께 일하는 프리랜서 작가이며 수현은 텔레쇼핑 콜센터 직원입니다. 기철은 대학원을 다니다가 공기업에 취직한 것으로 보입니다. 이 영화는 남녀의 이런 불평등한 노동조건을 대단히 낭만화합니다. 예컨대 은희의 성적 자유분방함을 프리랜서라는 고용 형태와 등치시킨다거나, "작가는 선택할 권리도 없나요?"라는 말을 두 프로듀서 사이에서 선택권 없이 왔다 갔다 해야 하는 노동조건에 대한 항의가 아니라 연애 상대에 대한 마음으로 표현한다거나 하는 식으로 말이죠. 그리고 또 한 가지 흥미로운 재현은 동현이 은희와 자고 나서 자연스럽게 반말을 한다는 거예요. 그전까지는 한 직장에서 일하는 동료로서 공적 거리감을 유지했던 반면, 섹스를 한 뒤에는 둘의 관계가 연애로 진전되지 않음에도 불구하고 직장 상사인 남성이 반말을 하는 게 너무나 자연스럽게 그려집니다. 수현의 일도 마찬가지입니다. 그녀는 선물을 받지 않겠다는 여성에게 계속 선물로 마음을 표현하려는 남성의 상담사 역할을 자처합니다. 지금 시각으로 보면 스토커로 의심되는 남성인데 말이죠.

　　남녀의 불평등한 노동조건뿐 아니라 PC통신이나 삐

삐 같은, 당시의 최신 커뮤니케이션 테크놀로지에 대한 대단히 낙관적이고 낭만적인 기대에 찬 재현도 굉장히 흥미롭지요. 제목인 「접속」 자체가 PC통신 접속이 진정한 의사소통을 가능하게 할 것이고, 이를 통해 사랑의 대상을 찾을 수 있을 것이라는 기대를 표현한 제목입니다. 이는 미디어 통신 산업이라는 분야에서 새롭게 구성된 성별분업의 현실을 지우는 방식으로 기능합니다. 우리 강의에서 함께 보는 텍스트 중 2010년대 이후 젊은 세대를 다룬 영화나 드라마에서는 최신 커뮤니케이션 테크놀로지가 폭력과 연결되는 것과 매우 대조적이죠. 「청춘시대」에서 SNS는 배신과 폭력을 부르는 장치로 그려지고, 이후 다룰 영화 「소셜포비아」에서는 SNS와 폭력이 한층 직접적으로 연결됩니다. 1990년대가 미래와 테크놀로지에 대해 얼마나 낙관적인 전망으로 가득 찼던 시기였는지 상상이 되시지요?

다시 이 시기 영화들에서 남녀의 일을 그리는 방식으로 돌아와 보면, 「정사」에서 주인공은 중산층 전업주부이고, 그녀의 여동생은 미국에서 일하는 커리어우먼입니다. 주인공은 완벽한 성별분업의 세계에서 자신의 일을 충실히 해냅니다. 그러다 제부가 될 사람과 바람이 나는 거지요. 잘 나

경제위기 이전, 1990년대를 상징적으로 보여주는 영화 「정사」.

가는 건축가인 남편은 집안일에 별 관심이 없습니다. 거기에 여동생이 일 때문에 조금 늦게 귀국하는 사이에 주인공은 그들의 결혼 준비를 돕다가 사랑에 빠지는데, 이 커플은 권태로운 중산층 가족 및 비정한 노동의 세계와 대비되는 것으로서 사랑, 연애, 섹스를 희구하는 것으로 보입니다.

이처럼 1980년대 말이 되어서야 공식적으로 표명된 성평등의 지향이 보다 전면화되는 데는 시간이 걸렸습니다. 1990년대는 오래된 형태의 성별분업과 새로운 형태의 여성

이토록 두려운 사랑

노동, 그리고 공적 노동 영역에서의 새로운 성별분업이 공존하던 시기였습니다. 그렇지만 대체적으로 낙관적이고 낭만적인 전망이 지배하고 있었지요. 그런 분위기가 완전히 달라진 계기는 잘 아시다시피 1997년 IMF 경제위기였습니다. 흥미로운 점은 이 시기 전까지 기획, 제작된 영화와 직후 만들어진 영화의 분위기가 완전히 다르다는 겁니다. 사실 「정사」는 결혼한 여성이 외도를 하고, 심지어 남편과 아이를 버리고서도 서사적 처벌을 받지 않는, 한국 영화사에서 아주 희귀한 작품입니다. 정사 장면들을 제사를 지내는 와중에, 그리고 아들 학교의 과학실에서 벌어지는 것으로 배치한 것 자체가 굉장히 상징적이지요. 그렇지만 「정사」 개봉 이듬해인 1999년에 개봉한 「해피엔드」에서 바람이 난 결혼한 여성은 남편에게 처참하게 살해당합니다.

1990년대에 대한 보수적 회고 서사, 「응답하라」 시리즈

이처럼 1990년대는 한 학자의 말을 빌리자면, "민주화와 자유(주의)화의 급물살과 총체적 변환"●의 시기였습니다. 경제적으로도 또 사회적으로 살 만해졌다고 느낀 그 시기에 구조적으로는 불평등이 심화되니 자유에 대한 지향은 평등과 함께 서로를 견인하기보다 개인적인 자기계발의 수준에서 추구되는 가치가 됩니다. 이처럼 한국 사회에서는 아이러니하게도 민주화의 흐름이 신자유주의적 자기계발 주체 형성의 토양이 되는데요, 이런 과정을 잘 그린 책이 2009년에 나온 서동진의 『자유의 의지, 자기계발의 의지』라는 책입니다.

「응답하라」시리즈는 이런 모든 과정을 거쳐서 지금, 여기에서 1990년대를 회고하는 서사입니다. 이 시리즈는 「응답하라 1997」(이하 「응칠」)이 2012년에, 「응답하라 1994」(이하 「응사」)가 2013년에, 「응답하라 1988」(이하 「응팔」)이 2015년 말에서 2016년 초에 걸쳐 방영되었습니다. 2012년 당시 일부 젊은 세대에게만 인기가 있었던 케이블 채널 tvN을 반석 위에 올려놓는 계기가 될 정도로 큰 인기를 모았던 시리즈입니다. 지금부터 하는 이 시리즈에 대한 이야기는 2017년에 출판된

● 천정환, 「「응답하라 1988」에 나타난 '역사'와 유토피스틱스」, 《역사비평》 제114호(2016년 봄호), 503~519쪽.

이토록 두려운 사랑

제 논문「신자유주의 시대의 포스트페미니즘 가족서사: 드라마「응답하라」시리즈를 중심으로」에서의 분석에 기반한 것입니다.

1990년대에 대한 회고는 2011년「나는 가수다」라는 일종의 서바이벌 리얼리티 쇼와 함께 TV에 등장하기 시작합니다. 이 프로그램에서 한동안 TV에서 보기 어려웠던 90년대 가수들을 대거 소환했지요. 그리고 2012년 영화「건축학개론」, 드라마「신사의 품격」, 「응칠」, 2013년「응사」의 잇따른 성공으로 대중문화의 확실한 유행으로 자리 잡았습니다. 2014년 말에는「무한도전」'토토가' 특집, 2015년 말에는「응팔」이 성공하면서 1990년대에 대한 특정한 상이 대중화되기에 이르렀습니다.

「응답하라」시리즈에 대한 대중의 지지는 그 시절 일상에 대한 꼼꼼하고도 세심한 재현에 초점이 맞추어져 있습니다. 유행하던 대중가요, 영화부터 스타일, 상품, 광고, 공간에 이르기까지 누가 보더라도 '그때 저랬지!'라는 감탄이 나올 만큼 공들여 재현했지요. 그런데 많은 연구자들이 이미 논했듯이 회고 정서는 기본적으로 보수적입니다. '그때가 좋았지.'로 요약되는 이 정서는 지금의 혼란과 복잡함에 견주어 모든 것이 이해 가능했던 옛 시절에 대한 그리움이거든요. 그렇기 때문에 보통 노스탤지어라 불리는 회고 정서의 서사에서 생물학적 성차인 섹스, 사회적 성별인 젠더, 남녀 간의 이성애적 욕망은 일치하는 방식으로 작동합니다. 그런데 흥미롭게도 「응답하라」 시리즈에서는 그렇지 않아요. 여성 인물들이 그렇게 전형적이지 않고, 남녀 관계도 남성다움과 여성다움에 기반해 있지 않습니다. 그럼에도 불구하고 이 시리즈가 어떻게 보수적인 가족 서사로 귀결되며, 그것이 의미하는 바가 무엇인지에 관해 이야기해보려고 합니다.

결론부터 말씀드리면 이 전형적이지 않은 여성 인물들과 남녀 관계는 앞서 이야기한 1990년대 개인성에 대한 열망으로 일상과 문화를 바꾸려고 했던 영 페미니즘을 포함한 일련의 흐름의 흔적이라는 겁니다. 그리고 이 시리즈는 1990년대의 급진적 문제제기를 보수적으로 소화하여 회고한 서사라는 것이고요. 예컨대 「응답하라」 시리즈의 가장 강렬한 여자 주인공 성시원은 '빠순이'죠. 그녀는 90년대 1세대 아이돌 H.O.T. 토니의 열렬한 팬입니다. 또 「응사」의 성나정은 농구 선수 이상민, 도희는 서태지와 아이들의 리더 서태지에게 열중합니다. 그리고 이들의 팬심은 90년대에 머물지 않고, 그녀들이 결혼을 하고 가정을 꾸린 2010년대 현재까지 열정적으로 지속되는 것으로 그려집니다.

10대 여성 팬덤은 1990년대라는 소비대중문화의 시대에 젊은 여성들의 새로운 주체화 가능성을 보여주는 가장 특징적인 대중적 현상이었습니다. 대중문화는 가부장제 하의 여성들이 억눌린 성적 억압을 안전하게 분출할 수 있는 지대로 작동하는 측면이 있고, 이것이 한국에서는 1990년대에 꽃을 피운 겁니다. 저를 포함한 많은 영 페미니스트들은 스스로가 '빠순이'인 경험이 있었고, 이 현상에 관해 글을 쓰고 개입하기도 했습니다. 또 당시 10대 여성 팬덤은 애정의 대상이 자리한 대중문화에 대한 개입과 사회운동으로 성장하기도 했지요. 저는 2000년대 이후 새로운 사회운동 흐름은 팬덤으로 다져진 대중 감수성을 간과하고는 잘 설명할 수 없다고 봅니다. 2008년의 촛불집회가 그랬고, 2016년 정유라를 건져내어 박근혜 탄핵까지 오게 한 가장 큰 계기 중 하나였던 이화여대 투쟁의 경우도 그 조직 방식은 팬덤에서 훈련된 바로 그것이었습니다. 「응칠」에서 잘 그리고 있듯 그녀들은 자신이 좋아하는 연예인을 위해 집단을 조직하고, 각종 물품을 제작하고, 콘서트와 방송, 운동경기 같은 행사에 개입합니다. 성시원이 그랬듯 팬픽을 비롯한 각종 텍스트들을 생산하기도 하지요. 이 과정에서 때로는 해당 연예인과의 관계보다 팬들이 서로 맺는 관계가 더 중요해집니다. 함께 일하고 함께 즐기며 그들 사이에서의 인정체계가 만들어지는 것이지요. 우리가 정치, 그리고 정치적 주체화라는 말을 보다 폭넓게 생각한다면 이것이야말로 정치적 주체화의 과정이 아닐 수 없습니다. 집단을 만들고 집단 내 각종 요구 및 이해관계를 조정하는 과정이 바로 정치니까요.

　　돌아가자면, 시청자가 느끼는 즐거움의 상당 부분은 여기서 나옵니다. 10대 여성 팬덤의 시대적인 세부 사항을 마치 오래된 고물상에 놓인 골동품처럼 꼼꼼하게 열거하거든요. 그래서 시청자들은 우리의 90년대가 대중문화가 만개한 시대였으며, 입시의 중압감 속에서 좋아하는 '오빠들'을 쫓아다닌 낭만의 시대임을 즐겁고 편안하게 회상할 수 있습니다. 90년대를 살지 않은 세대라면 현재 빠순이의 기원을 살펴보는 즐거움이 있겠지요. 나아가서 여성 팬덤은 이 시기 이성애 관계의 변화를 보여줍니다. 앞서 이야기한 「접속」과 「정사」가 그리는 연애 관계와도 상통하는 부분입니다. 예컨대 「응칠」에서 시원을 좋아하는 윤제는 비록 이해는 되지 않지만 그녀와 함께 H.O.T. 콘서트 전날 콘서트장에서 밤을 새고, 「응사」에서 도희를 좋아하는 삼천포는 역시 이해되지 않지만 서태지와 아이들의 콘서트에 함께 갑니다. 남성은 이제 여성에게 인정받기 위해 그 여성의 취미에 동참해야만 합니다. 이처럼 보호자 남성이 아니라 취미를 동등하게 향유할 수 있는 남성을 욕망하게 된 젊은 여성들에게서 정치적 민주화 이후 일상적 민주화를 요구한 페미니즘적 주체의 모습을 찾기란 어렵지 않습니다.

문제는 이 시리즈에서 대중문화와 상품을 통해서만 재현되는 10대 여성 팬덤이 1987년 이후라는 시대적 변동을 망각시키는 효과적인 매개로 작동한다는 겁니다. 「응사」에서 대학가 운동권 동아리 문화와 집회를 재현하는 방식은 정말 당황스러울 정도로 탈맥락적이죠. 예컨대 운동권 노래패 동아리 문화는 해태의 눈길을 사로잡은 여자 선배로만 재현되고, 농활에서 맞닥뜨린 집회는 그 어떤 의미도 없는 코믹한 장면으로만 등장합니다. 10대 여성 팬덤 또한 일상적 민주화의 요구를 비롯한 이 시대적 변동과 완전히 대척점에 놓여 있는 하나의 기호로 등장할 뿐입니다. 따라서 「응칠」, 「응사」의 여성 팬덤 재현은 자신의 성적 욕구와 에너지를 남성과의 제도적 관계가 아니라 대중문화라는 장에서 표출하며 새로운 주체로 서의 사회화 과정을 예고한 당시 젊은 여성들의 주체성에 대한 보수적인 주석이라고 할 수 있습니다.

더 이상 '빠순이'가 등장하지 않는 「응팔」에서는 '서울대 운동권 여대생' 보라와 '둘째 딸' 덕선이 등장합니다. 그리고 그녀들의 과격한 에너지가 바로 여기에서 연원하는 것으로 그려지죠. 동네에서 공부를 제일 잘해 서울대에 간 보라는 당시 첫째 딸들이 체화한 미덕인 순종과 희생의 이미지와는 영 거리가 있는 인물입니다. 보라는 가족 모두가 눈치를 볼 정도로 괴팍한 성격의 소유자이자 부모의 반대에도 불구하고 운동에 투신하고, 자신을 통제하려는 남자 친구에게 "이래라 저래라 하지 마!"라고 소리를 칩니다. 보라와는 모든 것이 반대로 보이는 덕선 또한 가족 내 '둘째 딸'이라는 위치에서 경험하는 차별을 쉽게 수긍하지 않고 울며 소리치지요. 그러니까 이 '개딸'들은 1987년 이후 가족 내 딸이라는 위치로 자신을 규정하지 않으려는 민주화 시대의 새로운 여성 주체들입니다.

그렇지만 '빠순이성'과 마찬가지로 '어린 여자', '딸'에 한정되지 않고자 하는 보라와 덕선의 이런 의지는 뜬

금없이 웃음을 유발하는 요소이거나 남성과의 관계에서 해소되는 일시적인 것으로 재현됩니다. 예컨대 학생운동 집단 내에서 첫 연애를 한 보라는 그가 자신의 친구와도 몰래 사귀는 것을 알고 헤어지려고 합니다. 이를 안 보라의 남자 친구는 사과를 하기는커녕 '여자답지 않은' 보라를 나무라며 폭력적으로 돌변하지요. 결국 이 상황은 보라가 이웃집 고등학생 연하남 선우와 새로운 연애를 시작하면서 해소됩니다. 우리는 그렇게 똑똑하다는 보라가 양다리를 걸치고서도 당당하고 폭력적인 남자 친구에게 어떤 감정을 느끼며 어떤 생각을 하는지 알 수 없습니다.

　　　이런 면에서 「응답하라」 시리즈 전체에 걸쳐 부모로 등장하는 성동일과 이일화의 존재는 의미심장합니다. 이 시리즈의 주요 인물들은 모두 그들의 '딸'로 등장해요. 이런 점이 90년대 영화 「접속」, 「정사」와 비교해볼 때 흥미롭지요. 본명을 극중 인물 이름으로 그대로 사용하는 이들은 배우로서 지닌 실제 분위기와 허구의 인물 사이를 매끄럽게 연결하며 90년대의 아버지, 어머니상을 구현합니다. '말투는 억세지만 타인을 거둬 먹이는 데 인색함이 없는' 어머니와 '겉으로는 퉁퉁거리지만 실제로는 따뜻하고 다정한' 아버지는 90년대라는 판타지적 공동체의 절정입니다. 심지어 아버지 성동일들은 극중에서 만나곤 하는데, 이런 장치는 「응답하라」 시리즈의 젊은 여성 주인공들이 다른 무엇보다 이 아버지의 딸로 존재한다는 사실을 강화합니다. 그리고 물론, 그녀들은 모두 어머니 이일화를 닮았고, 아버지 성동일을 닮은 남자와 결혼합니다. 이런 방식으로 이 여성들은 개인으로 성장할 기회를 갖지 못합니다.

그리고 이런 면에서 「응팔」이 건드리는 겹사돈과 동성동본 이슈는 아이러니합니다. 보라와 덕선 자매의 결혼 상대인 선우와 택은 각기 남편과 부인을 잃고 혼자 살아가던 어머니와 아버지의 재혼으로 형제가 된 사이입니다. 게다가 선우와 보라는 당시 호주제로 인해 결혼이 금기시된 동성동본이었습니다. 「응팔」은 이들의 결혼 서사에 동성동본 부부들을 응원한 노래였던 고 신해철의 1995년 작 「힘겨워하는 연인들을 위하여」를 배치해 이런 시대상을 더욱 선명하게 드러냅니다. 그러나 겹사돈이나 동성동본 혼인을 둘러싼 당시의 논쟁은 여성을 부계가족 내 존재로 위치 지은 호주제에 대한 문제제기였던 반면, 이 쟁점들을 가져오는 「응팔」의 결혼 서사는 가족이나 다름없는 관계의 두 남녀가 개인으로 성장할 필

이토록 두려운 사랑

요 없이 바로 결합한다는 점에서 굉장히 기이합니다. 겹사돈이나 동성동본 혼인이라는 명명과 그에 대한 금기는, 개인들 그리고 그 개인들의 결합을 결국 가족적 존재로 환원시키기 때문에 부적절하다는 것이 페미니스트들을 비롯한 호주제 폐지 운동 그룹의 주장이었습니다. 반면 「응팔」이 이를 활용하는 방식은 정확히 그 반대, 즉 오직 (유사)가족적 존재인 남녀들의 결합에 개그를 덧입히는 것이기 때문에 문제적입니다.

강제적 이성애, '남편 찾기'라는 게임서사가 되다

이쯤에서 「응답하라」 시리즈의 남편들로 넘어가볼까요. 지난 시간에 '박보검이 류준열보다 더 성적으로 매력적인가?'라는 질문을 했는데, 이와 연관된 이야기를 해보지요. 통상의 로맨스물은 서로 다른 배경과 성격을 지닌 남녀 주인공들이 여러 상황을 거쳐 가까워지는 과정을 충실히 그려냄으로써 흥미를 유발하지만, 「응답하라」 시리즈에는 그런 과정이 거의 없습니다. 개인으로 성장하지 않는 이 드라마의 주인공들에게는 서로를 타인으로 마주하고, 갈등하며, 그 갈등을 해결하려고 노력하는 과정에서 사랑하게 되는 기회가 주어지지 않습니다. 이 과정을 대신하는 서사가 바로 '남편 찾기'라는 게임서사, 더 구체적으로는 TRPG(Table Talk Role Playing Game) 작법에 따른 서사라고 할 수 있습니다.[●]

TRPG란 테이블 위에서 대화를 통해 진행하는 롤플레잉 게임인데, 보드게임을 떠올려보시면 이해가 쉬울 겁니다. 보드게임의 재미는 단순히 이기고 지는 데 있는 것이 아니라 플레이어들끼리 게임과 관련한 작전 세우기, 서로에 대한 저주 퍼붓기, 배신하기 등을 끊임없이 수행하며 정해진 룰에 따라 게임을 진행해나가는 데 있습니다. 그러므로 보드게임에서 중요한 것은 게임의 룰보다 '플레이어들의 캐릭터'죠. 「응답하라」 시리즈의 서사는 바로 이런 보드게임 서사와 같습니다. '남편 찾기' 장치는 일종의 플랫폼으로 작동하며, 「응칠」의 윤제-시원-태웅, 「응사」의 쓰레기-나정-칠봉, 「응팔」의 정환-덕선-택이라는 삼각관계들에 놓인 개인들은 플레이어들로, 그리고 이를 둘러싼 대중의 관심과 응원은 플레이어들의 이야기로 위치되는 것이죠. 플레이어가 바뀌면 할 수 있

● 장이지, 『콘텐츠의 사회학』(서랍의 날씨, 2015), 36~38쪽.

이토록 두려운 사랑

는 이야기도 달라지기 때문에 유사한 형식 자체가 흥미를 떨어뜨리는 요인이 되지는 않습니다. 똑같은 보드게임을 매번 재미있게 하는 우리를 생각해보면 쉽게 이해되실 겁니다. 「응답하라」 시리즈는 갈수록 TRPG 작법을 복잡하게 구사하여 시청자의 흥미를 유발하기도 했습니다. 예컨대 「응칠」의 '남편 찾기'는 윤제와 태웅 사이에서만 벌어졌지만, 「응사」에서는 해태도 남자 친구가 될 수 있었을 가능성을 암시하며, 「응팔」에서는 덕선-선우-보라의 삼각관계를 꽤 길게 다루며 극에 대한 관심을 지속시킬 수 있었습니다.

이런 종류의 서사에서는 잘 짜인 '스토리'보다 '캐릭터'의 중요성이 더 커질 수밖에 없습니다. 스토리는 캐릭터 설정에 기반하여 느슨하게 전개됩니다. 근대의 서사는 스토리에 기반하는 반면, 특히 2000년대 이후 한국 영화나 드라마에서는 작품이 캐릭터를 중심으로 수용되는 양상을 관찰할 수 있습니다. 요즘 우리는 영화나 드라마를 보고 주로 무엇에 대해 이야기를 하나요? 줄거리인가요, 등장인물인가요? 단연 등장인물이죠. 등장인물이 구현하는 캐릭터와 그들의 특정 대사를 공유하는 즐거움이 아주 커졌습니다. 여담이지만 드라마 「도깨비」는 그 절정인 것 같아요. 몇백 년의 기억을 간직하고 불멸의 존재로 살아가는 도깨비, 기억을 잃고 저승사자가 된 어린 왕, 태어나지 못할 뻔하다가 태어나 귀신을 보는 도깨비 신부, 왕이 죽인 왕비의 환생 등 캐릭터가 간직한 역사가 장난이 아니죠. 반면 이런 캐릭터 설정의 화려함에 비해 스토리가 일관성 있게 잘 짜여 있다고 보기는 어려울 것 같습니다. 그리고 이런 현상은 하나의 강력한 플롯을 중심으로 사건을 진행시키는 극보다 각각의 에피소드들을 불연속적으로 배치하는 시트콤이나, 하나의 플랫폼을 출연자들에게 제공하고 출연자들 각각 캐릭터를 조형하여 스토리를 만들어가는 예능 프로그램이 인기를 얻는 현상과도 밀접한 관련이 있습니다.

「응답하라」 시리즈도 예능 프로그램 작가와 프로듀서가 만든 드라마로서 플롯이나 메시지보다는 개성 있는 캐릭터들이 사랑받았습니다. 주요 인물을 연기한 배우들은 리얼리티 쇼 우승자나 아이돌, 아역 배우로서의 이미지가 강하거나, 눈길을 사로잡지만 스토리와는 크게 상관이 없는 개인기를 가지고 있는 배우들이었죠. 말하자면 이 시리즈는 1980년대 말과 1990년대 초라는 '설정'이 주어진 다채로운 캐릭터들의 쇼였습니다. 이 시리즈의 전매특허와 같은 사투리 사용도 지역성을 드러내는 장치라기보다 캐릭터 쇼의 일부로 작동했

이토록 두려운 사랑

습니다.

그렇다면 왜 2000년대 이후 이런 종류의 게임서사가 성행하게 되었을까요? 시인이자 대중서사 연구자인 장이지는 이를 "인생을 하나의 고정된 서사로 파악하기 어려워진 신자유주의 시대의 유동적인 세계 속에서 무기력해진 인간이 그럼에도 삶을 긍정하면서 살아가기 위한 방편"*으로 읽어냅니다. 이것 아니면 안 된다는 인생 이야기는 이제 없다는 거지요. 자기계발의 서사는 수많은 선택지를 축복으로 재현하지만, 보통 사람들에게 이는 오히려 극도로 유동적인 세계, 그럼에도 불구하고 정말 중요한 선택과 변화는 오히려 기대하기 어려운 세계로 다가오기에 무기력해집니다. 그럴 때 우리가 선호하는 이야기도 이런저런 선택을 했을 때 어떤 결과가 나올지를 중심으로 한 TRPG 게임 형식의 서사로 변해간다는 분석입니다. 하지만 이 선택도 결국 설정된 플랫폼 안에서 벌어지는 일일 뿐, 설정 자체를 변화시킬 수는 없습니다.

「응답하라」 시리즈의 남편 찾기에서도 두 남자 중 한 남자를 선택한다고 하지만 선택자로서 여성의 위치는 그다지

---

* 위의 책, 197쪽.

자율적이라고 하기 어렵습니다. 결국 여자 주인공과 맺어지는 남자의 공통점은 그녀에게 먼저 키스하는 남자이고, 그녀에게는 애초 선택지 바깥의 선택을 할 가능성이 서사적으로 주어지지 않습니다. 「응팔」에서 '어남류'와 '어남택'의 대결로 화제를 모았던 '남편 찾기'가 그 정점인데요. 「응칠」에서는 판사와 벤처 사업가 출신 대통령 후보, 「응사」에서는 의사와 메이저리그 야구선수로 제시된 두 남편 후보 중 주인공은 덜 성공했으나 자신보다는 훨씬 '잘 나가는', 그렇지만 어릴 때부터 너나없이 자라와 다소 '만만하게' 굴 수 있는 남성을 남편으로 선택합니다. 그렇지만 「응팔」에서는 남편 선택의 일관성이 무너집니다. 덕선은 한 집에서 살았고 둘 중에서 상대적으로 덜 성공한 정환이 아닌 택을 선택합니다. 택은 어릴 때부터 한 달에 1억씩 벌어들인 천재 바둑기사입니다. 저는 이 선택이 앞 시리즈들보다 더 퇴행적이라고 봅니다. 정환은 돌보는데 익숙한 남자라면 택은 돌봄을 필요로 하는 남자입니다. 극중에서 정환은 덕선을 배려하고 덕선은 택을 돌보지요. 이런 결말은 한국 사회의 지금이 「응답하라」 시리즈가 거슬러 올라가 재현하는 과거와 오버랩 되면서 점점 더 퇴행한다는 현실감을 증폭합니다. 저는 이런 면에서 '박보검이 류준열보다 성

이토록 두려운 사랑

적으로 매력 있는가?'라는 질문을 던진 것이고요. 다시 한 번, 가족적 존재로 규정되지 않고, 결혼을 하지 않거나 결혼을 끝낼 수 있었던 「접속」과 「정사」의 주인공들과 「응답하라」 시리즈의 주인공들을 비교해보면 이런 변화를 보다 구체적으로 느낄 수 있을 거예요.

개인이 되지 못한 이들이 안착한 가족주의

한편 이 시리즈에서 또 하나 눈여겨볼 지점은 동성애자가 주요 인물로 등장한다는 점입니다. 이성애 중심의 친밀성 구조에 문제제기했던 성정치가 풍미한 1990년대를 다시 한 번 환기시키는 설정이라고 할 수 있지요. 예컨대 「응사」의 빙그레는 선배인 쓰레기에게 애정을 느끼는 인물입니다. 그는 아버지의 바람대로 성적에 맞춰 의대에 진학하기는 했으나 예술가를 꿈꾸는 섬세한 성격의 소유자죠. 그가 쓰레기에게 애정을 느끼고 친해지는 과정은 퀴어 시청자들과 BL 장르물 선호 시청자들이 관람의 즐거움을 느낄 수 있을 정도로 꽤 구체적으로 그려집니다. 게다가 이 과정은 쓰레기와 나정의 아직 확실하지 않은 관계에 빙그레가 끼어드는 형국이기 때문에 '남편 찾기' 장치와 결합한 하위 서사로도 기능하며 시청자들의 흥미를 유발합니다.

그런데 빙그레의 쓰레기를 향한 욕망은 의사가 아닌 예술가로서의 미래에 대한 꿈과 겹쳐 있습니다. 이는 그가 예술가의 꿈을 포기하게 되는 과정이 동성을 향한 애정을 거두고, 여성에게도 '욕정을 느낄 수 있는지' 확인 키스를 하는 상황으로 수렴되는 데서 드러납니다. 그리고 2013년 그는 '가족을 위해 자신의 꿈을 포기한 대가'로 의사 부부가 되어 '폼 나게' 살고 있습니다. 반드시 다 그런 것은 아닙니다만, 성소수자 정치는 이성애 가족에 포섭되지 않는 개인 됨, 그리고 그 개인들 간의 관계 맺음에 관한 성찰을 제시할 수 있는 가능성을 지니고 있습니다. 그런데 빙그레의 서사에서 성소수자 정치는 설 자리를 찾을 수 없을 뿐만 아니라 겹사돈과 동성동본 혼인 이슈와 마찬가지로 정반대 자리에서 그 시기를 탈맥락적으로 소환하는 소재로만 활용됩니다. 이런 선택을 두고 내레이션은 "내 사랑하는 이들을 차마 밟고 넘어설 수 없어 끝끝내 스스로 꿈을 내려놓고" 말지만, "얼마 되지도 않는 드라마틱한 성공담 따위에 기죽어 스스로 좌절과 패배감에 휩싸일

이토록 두려운 사랑

필요는 없다."고 비장하게 말합니다. 그리고 "내 사랑하는 사람을 위해 나를 바꾸는 결단, 꽤 괜찮고 폼 나는 일"이라고 쐐기를 박지요. 여기서는 '살아남은 자들의 자기 위로'를 넘어서 '자기 콤플렉스'까지 느낄 수 있어요. 예술가가 아닌 의사, 동성애자가 아닌 이성애자로서의 삶은 그 자체로 추구한 것이 아니라 '끝끝내 스스로 꿈을 내려놓은' 선택이기 때문이지요.

이처럼 이성애자로 순치된 빙그레와 달리 「웅칠」의 준희는 동성애자로서의 삶을 살고 있는 듯 보입니다. 우선 윤제를 향한 준희의 애정은 「웅사」의 그것처럼 일시적이지 않습니다. 준희는 고등학교 입학 때 성적 순서대로 자리를 배치하려고 한 담임 교사에게 반항한 윤제에게 "첫눈에 반한 뒤"부터 대학 입학 후 함께 사는 내내 그를 좋아했던 것으로 그려집니다. 그는 고교 시절 자신이 시원을 좋아한다고 오해한 윤제에게 "내가 좋아하는 사람은 너"라고 고백하고, 공군사관학교에 가려는 윤제를 따라 같은 학교에 지원합니다. 이 과정이 「웅칠」 내내 중요한 서사로 등장하기 때문에 「웅사」와 마찬가지로 다양한 층위의 시청자들이 나름대로 관람의 즐거움을 느낄 수 있습니다.

게다가 캐릭터로서의 준희는 토니를 향한 시원의 팬

심을 유일하게 이해하는 '섬세한 남자 사람 친구'인 동시에 공부와 운동을 모두 잘하고 춤까지 잘 추는 '멋진 남자'죠. 그러나 카메라는 다른 등장인물들이 현재에 어떻게 살고 있는지는 시시콜콜 보여주지만 준희의 현재 삶은 선팅 된 자동차 안으로 미끄러져 들어가 버리는 것으로 처리합니다. 준희의 현재 삶은 이 드라마 내에서 성시원의 '좋은 게이 친구' 캐릭터로서만 의미를 갖게 되는 겁니다.

한 가지 더 지적하자면 이 시리즈에서 게이들은 등장하지만 레즈비언은 등장하지 않아요. 여성 인물들의 유대는 성인이 되기 전의 시원과 유정, 그리고 결혼해서 한 동네 사는 엄마들 사이를 중심으로 그려집니다. 그러니까 성인 여성들이 가족과 상관없이 맺는 진지한 관계나 우정을 넘어선 성애적 관계는 이 시리즈의 관심사가 아니죠. 결국 이 시리즈는 민주화 이후 개인이 되고자 했던 여성들과 성소수자들을 통과하여, 결국 개인이 되지 못한 이들이 안착한 가족주의를 그려낸 서사라고 말할 수 있겠습니다.

마지막으로 이런 분석이 1990년대 페미니즘과 성정치를 자화자찬의 언어로 다시 이곳에 불러들이기 위함이 아닌 것에 주의를 기울여야 하고, 제가 이런 이야기를 하는 궁

극적인 목적은 오히려 그 반대라는 것을 강조하고 싶습니다. 2000년대 이후 여성운동이 의도한 정치적 주류화의 성과는 가시적이었지만, 경제적 주류화는 그렇지 못했으며 오히려 여성노동의 주변화 현상은 가속화되었습니다. 여성학자 김경희는 2009년 「신자유주의와 국가페미니즘」이라는 글에서 한국의 국가페미니즘이 2000년대 이후 여성주의적 의제에서 가족 의제로 그 중심을 변화시키면서 안착할 수 있었다고 지적했습니다. 또 여성학자 박혜경은 2011년 「경제위기시 가족주의 담론의 재구성과 성평등 담론의 한계」라는 글에서 평등 정책과 담론이 가장 활발했던 민주화 시기에 한국의 페미니즘은 성별분업적 정상가족을 제대로 해체하지 못했고, 오히려 전업주부의 위상을 높이는 담론에 일조하기도 했다고 일갈했습니다. 1980년대 말 대학에 입학해 운동가이자 비혼 여성으로 살아온 이들을 연구한 송제숙은 『혼자 살아가기』라는 책에서 그녀들의 필요가 한국 여성운동의 정책 의제로 인식되지 못했다고 지적했습니다. 나이와 결혼 규정이 여전이 명시돼 있는 주택 대출 정관과 가족 중심의 돌봄 의제화는 그 좋은 예라고 할 수 있지요. 결국 「웅팔」 '어남택'의 승리는 이처럼 1990년대와 2000년대를 통과해 더욱 강화된 불평등한 현실에서, 월

등히 잘난 남자에게서 집을 받고 협상 가능한 남자와는 결혼을 하는 방식의 분리를 아예 통합해버리는 방식으로 우리의 판타지가 작동하고 있음을 보여주는 게 아닐까, 페미니즘적으로 각성했으나 그 각성을 지속할 물질적 기반은 허약한 지금 여기의 30~40대 여성들의 좌절된 욕망을 반영하고 있는 것은 아닐까, 하고 생각합니다.

이런 면에서 「응팔」의 과거 회고는 앞의 두 시리즈와 달리 현재가 아닌 1994년에 1988년을 회상하는 방식이라는 점이 의미심장합니다. 불평등이 심화되기 직전, 장기 90년대의 서막을 그리는 방식으로 현재를 지워버리는 거죠. 그런데 혹시 「응팔」의 마지막 장면 기억하시나요? 모두가 떠난 쌍문동에서 덕선이 함께 영화를 보던 친구들을 떠올리던 그 장면에서 향수를 느끼기보다 뭔가 을씨년스러운 느낌을 받은 건 저뿐인지 궁금합니다. 막 재개발이 시작되려는 동네의 휑한 분위기는 이제는 떠나간 친구들을 유령처럼 보이게 하지요. 그래서 제게는 이 장면이 그 안온했던 과거가 실은 허깨비 같은 판타지에 지나지 않음을 폭로하는 것처럼 보였습니다. 그렇다면 결국 우리가 해야 할 일은 지금, 여기와의 연관 속에서 페미니즘을 제대로 반복하는 것뿐이 아닐까 생각해요. 이런

이토록 두려운 사랑

의미에서 90년대 페미니즘과 성정치의 기억들은 다시 쓰여야
만 할 겁니다.

질문과 토론

Q 「응답하라」 시리즈는 결국 가족주의로 수렴된다고
하셨는데, 이때 의미하는 가족 그리고 가족주의에 관해
더 설명해주세요.

> **A** 가족은 다양한 형태일 수 있습니다. 그런데
> '가족주의'는 특정한 형태의 가족이 가장 바람직하고
> 우리가 추구해야 할 이상적인 인간관계라는 생각,
> 이런 생각을 중심으로 조직된 각종 제도와 습속을
> 포함하여 지칭하는 말입니다. 우리는 어떤 형태의
> 가족을 바람직하고 이상적이라고 생각하나요? 보통
> 바람직하고 이상적인 가족이라고 하면, 아직도 생계를
> 넉넉히 부양할 수 있는 아버지이자 남편, 그리고
> 가정에서 살림과 자녀들을 돌보는 어머니이자 아내,
> 귀여운 자식들로 이루어진 가족을 떠올리지요. 영화
> 「정사」에서 여자 주인공의 가족이 전형적이에요.
> 개념적으로는 성별분업에 기반한 이성애 핵가족이라고
> 표현할 수 있습니다. 서구의 자본주의적 근대 이후
> 이런 가족이 이상적인 가족 형태가 되었고, 한국에서도
> 산업화가 시작된 1960년대부터 1980년대까지,

일부 계층에 한해서이기는 했지만 이런 가족이
이상적인 가족으로 받아들여졌습니다. 그런데 이런
가족이 유지되려면 생계부양자 남성이 가족 구성원
모두를 건사할 만큼 돈을 벌 수 있어야 해요. 이를
가족임금이라고 하는데, 가족임금은 사실 역사적으로
완전히 현실화된 적이 없습니다. 어느 사회, 어느
시대나 일부 계층에 한해서 가능한 것이었지요.
현재 한국에서도 이런 가족을 이루고 사는 사람은
25퍼센트가 채 되지 않습니다. 그렇지만 한국의 제도,
문화, 습속은 이런 가족 형태를 중심으로 이루어져
있지요. 게다가 여러 역사적 사건들과 맥락으로 인해
'사회'라는 공공 영역이 허약한 한국에서는 가족을
중심으로 모든 종류의 자원이 배분된다고 해도 과언이
아닙니다. 1987년 민주화 이후 1990년대에 이에 대한
문제제기가 여러 측면에서 이루어지기 시작했고,
「접속」이나 「정사」에서 보았듯 이런 문제제기들이
문화 텍스트에도 드러나 있습니다. 그런데 「응답하라」
시리즈는 1990년대가 그런 시대였다는 것을
개그 소재로 삼으면서 결국 개인들이 지워져버린

공동체로서 성별분업적 이성애 핵가족을 또다시
가장 바람직한 형태의 친밀 관계로 그리고 있습니다.
「응팔」의 캐치프레이즈 "내 끝사랑은 가족입니다."가
이를 잘 보여주지요.

Q 강의 중에 언급된 드라마 「도깨비」도 그렇고,
「푸른 바다의 전설」이나 「별에서 온 그대」 같은 최근
드라마들에서는 선택지가 많아진 이 시대에 오히려 단
하나의 운명적 사랑을 그리고 있습니다. 왜 그럴까요?

A 저는 일단 드라마 「별에서 온 그대」부터 여성들의
욕망의 대상으로 현실의 남성이 아닌 판타지 세계의
남성이 등장했다는 데 주목하고 싶습니다. 이후부터
지금까지 전성기를 구가하는 퓨전 사극 드라마의
세계에서 대부분 이런 남성들이 등장하지요. 물론
그 이전 로맨틱 코미디나 멜로 장르에서 주로
여성들의 욕망의 대상으로 등장한 실장님, 재벌
2세도 현실적인 인물은 아니었습니다만, 현실에

존재하기는 하는 인물인 것과는 대조적입니다. 저는
이런 드라마를 즐겨보는 여성들이 이제 더 이상
현실에서 판타지적 욕망의 대상을 찾기 어렵다고
판단하는 게 아닐까 싶어요. 현실에서의 연애와
결혼은 이성적 판단을 해야 하는 영역, 그리고
관계를 유지하기 위한 노동 영역으로서의 성격이
강화되고 있다는 것을 여성들이 알게 되었고, 그렇기
때문에 더욱 더 '순수'하고 '운명적'인 사랑에 대한
바람을 문화 텍스트 내에서 즐기고 있다고 볼 수도
있겠습니다.

하나 덧붙이고 싶은 점은 퓨전 사극에서 현대로 오는
남자들은 주로 조선 남자들이고, 현대 여성이 가는
과거는 주로 고려라는 겁니다. 이는 고려와 조선에
대한 속화된 젠더 이미지를 반영합니다. 남녀유별
시대, 몸가짐이 단정하고 똑똑한 능력자 조선 남자가
현대로 오든지, 여성들도 나름의 권리를 누릴 수
있다고 상상되는 고려로 가든지 하는 거예요. 드라마
「도깨비」는 이 모든 설정을 혼합해서 변형했지요.
2000년을 기다린 운명적인 사랑, 시대와 장소를

자유로이 넘나드는 초능력자 고려 무사와 같은 설정이 그렇습니다. 반면 현대 여성이 남녀가 유별한 조선으로 가는 이야기는 드라마의 주 시청자층인 여성들에게 그렇게 매력적이지 않지요. 드라마 「사임당, 빛의 일기」가 별로 인기가 없었던 주요한 이유가 여기에 있다고 봅니다. 그 외에도 이런 드라마의 주된 시청자인 30~40대 여성들이 10대 시절 가장 즐긴 문화 텍스트였던 순정만화가 대체로 사극 배경과 인물 중심이었다는 사실, 또 비교적 최근 전 세계적으로 인기를 끈 문화 텍스트들이 「해리포터」, 「반지의 제왕」 같은 판타지물이라는 사실도 이런 드라마가 제작되는 데 영향을 주었으리라 생각합니다.

더 읽을거리

1 김경희, 「신자유주의와 국가페미니즘」, 《진보평론》 제40호(2009년 여름호).

2 김은실, 「지구화 시대 한국사회 성문화와 성 연구방법」, 변혜정 엮음,
『섹슈얼리티 강의, 두 번째: 쾌락, 폭력, 재현의 정치학』(동녘, 2006).

3 김현경, 「신자유주의 시대의 포스트페미니즘 가족서사: 드라마 「응답하라」
시리즈를 중심으로」, 《미디어, 젠더 & 문화》 제32권 1호(2017).

4 박혜경, 「경제위기시 가족주의 담론의 재구성과 성평등 담론의 한계」,
《한국여성학》 제27권 3호(2011).

5 서동진, 『자유의 의지 자기계발의 의지: 신자유주의 한국사회에서
자기계발하는 주체의 탄생』(돌베개, 2009).

6 송제숙, 『혼자 살아가기: 비혼여성, 임대주택, 민주화 이후의 정동』(동녘,
2016).

7 유정미, 「고용분야 적극적 조치의 정책논리에 대한 담론 분석: '실질적' 평등
정책과 '평등의 정치'의 굴절」, 《한국여성학》 제28권 2호(2012).

8 장이지, 『콘텐츠의 사회학: 포스트모던의 새로운 신들』(서랍의날씨, 2015).

9 천정환, 「「응답하라 1988」에 나타난 '역사'와 유토피스틱스」, 《역사비평》
114호(2016).

10 Judith Long Laws, *Sexual Scripts: The Social Construction of Female
Sexuality*(Harcourt College Pub, 1977).

자원 거래의 장이 된 연애

IMF 경제위기와
군가산점제 위헌 판결 이후의 사랑/연애

영화 「나쁜 남자」(2002)
영화 「버스, 정류장」(2002)

프로젝트와 상품이 된 연애

이번 텍스트들은 모두 마음이 힘들어지는 영화들이 었지요? 본의 아니게 여러분에게 고통을 안긴 듯하여 저도 마음이 좋지 않은데, 그런 만큼 지난 강의에서 다룬 영화들과 비교하여 시대적 변화에 대한 감은 확실히 잡았으리라 생각합니다.

첫 시간에는 근대 초 신여성들의 개인 됨으로서의 사랑과 연애에 대한 주장과 추구, 그리고 그것을 가로막은 가부장적 가족과 남녀 간 경제적 불평등의 문제로 시작했습니다. 오늘날에도 여전히 혹은 더 심화된 방식으로 경제와 결혼, 그리고 가족의 얽힘은 사랑에 대한 우리의 기대에 영향을 미치고 있다는 이야기도 했고요. 두 번째 시간에는 1987년 민주화 이후 재등장한 개인성에 대한 열망으로서 사랑과 연애를 염두에 두고 사랑, 결혼, 성이 일치되어야 한다는 근대 낭만적 사랑의 이데올로기가 이 시기에 어떻게 변화하기 시작했는지 그 양상을 고민해보았습니다. 그렇지만 「응답하라」와 같은 1990년대 회고 문화 콘텐츠에서는 전형적이지 않은 여자 주인공과 성소수자를 경유하여 오히려 이성애 결혼과 가족이 강화된 모습을 게임서사의 방식으로 그려내고 있음을 살펴보았지요. 오늘은 여기에서 출발하고자 합니다.

지난 시간에 결혼과 가족 바깥에서 사랑과 성을 추구한 여자 주인공이 1998년 작 「정사」에서는 처벌받지 않았던 데 비해 1999년 작 「해피엔드」에서는 남편의 손에 살해당하는 처벌을 받는다는 사실을 지적했습니다. 1년 사이에 동일 소재를 다룬 영화에서 전혀 다른 결말을 보여준다는 점이 흥미롭지요. 여기서 눈여겨볼 것은 「정사」의 부부와 「해피엔드」 부부의 경제사회적 지위가 다르다는 점입니다. 「정사」의 남편은 잘 나가는 건축가이고 부인은 전업주부입니다. 반면 「해피엔드」의 남편은 은행원으로 일하다 실직한 백수이며 부인은 잘 나가는 학원 원장입니다. 즉 「정사」에서의 사랑/연애는 성별분업에 기반한 중산층 이성애 핵가족 내 여성이 자신의 성

영화 「해피엔드」 포스터.

역할에 의문을 제기하는 과정과 겹쳐진다면, 「해피엔드」의 경우 사랑/연애는 성별분업이 무너져가는 세계에서 여성이 자신의 성적 욕망을 거침없이 추구하는 과정과 관련 있는 것으로 재현됩니다. 그리고 이 영화는 여성이 남편보다 더 많은 돈을 번다는 것과 불륜을 저지르는 것, 그리고 어머니로서의 성 역할에 소홀하다는 점을 연관 지어 그리면서 여자 주인공에

3강 자원 거래의 장이 된 연애

대한 서사적 처벌을 정당화하지요.「정사」의 여자 주인공이 아들이 다니는 학교에서 정사를 벌이고 결국 아들을 남기고 떠나지만 처벌받지 않는 것과는 아주 다른 재현입니다.

IMF 직후에 이런 영화가 인기를 얻었다는 것은 무슨 의미일까요? 이는 1990년대를 풍미한 개인성 추구로서의 사랑과 연애에 경제가 복잡하게 착종되는 상황이 등장했음을 보여줍니다. 저는 2000년대 초에 여자 대학생들의 연애 경험을 연구했는데요, 돌이켜 생각해보면 그야말로 여성성과 남성성의 재구성이 첨예하게 이뤄지던 시기였습니다. IMF는 국가의 위기일 뿐 아니라 가부장 남성의 위기로 재현되었습니다. 그 남성을 위무하여 가부장의 자리를 지켜줘야 하는 것은 물론 여성이었고요. 그러나 이와 동시에 여성의 사회적 지위 향상을 둘러싼 기대가 온통 장밋빛으로 물든 시기이기도 했습니다. 여성부가 2001년 신설되었고, 성공한 여성 리더의 사례가 연일 신문 지면을 장식했으며, 여성 국회의원 비율도 건국 이래 최고였지요. 첫 시간에 이야기했던 1987년 남녀고용평등법 제정, 1993년 대기업 대졸 여성 공채 시작, 그리고 1994년 성폭력특별법 제정, 1995년 여성발전기본법(현 양성평등기본법)에서 성희롱 법조항 명문화와 같은 법 제정도 이런 분위

이토록 두려운 사랑

기에 더욱 힘을 실었습니다. 1990년대와 2000년대 초의 이런 사회적 분위기 속에서 젊은 여성들이 교육과 직업을 통해 사회적 성취를 이루고자 하는 욕망을 표출하는 것이 자연스러워졌지요. 이때 '연애'가 무제한의 에너지를 쏟아야 하는 중요한 인간관계로 부상했다는 것, 사랑/연애 · 결혼 · 성이 일치해야 한다는 이데올로기가 깨어져나가던 상황은 지난 시간에 이야기했었습니다. 그런데 여기서는 이런 상황이 사랑/연애의 상품화와 맞물려 가속화된다는 점에 주목하고자 합니다.

당시 제 연구는 '사람들은 왜 누구를 좋아한다거나 사랑한다고 말하기보다 누구와 연애한다고 말하게 되었을까? 이때 '연애한다'는 것은 무엇을 의미하는 걸까?'라는 질문에서 출발했습니다. 다소 극단적으로 말하자면 좋아하거나 사랑하지 않아도 연애는 할 수 있는 것이죠. 이 질문에 대한 제 결론은, 1990년대 이전 한국에서 사랑은 결혼의 전 단계라는 의미를 가졌던 데 반해 1990년대 이후 연애는 결혼과 분리된 친밀성의 장, 그러므로 그 자체가 중요한 일종의 프로젝트가 되면서 이를 위해 전략을 짜고 기획하는 경향이 강화되었다는 것입니다. 저는 이런 현상을 '프로젝트로서의 연애'라고 이름 붙였습니다. 여기에서 젊은 남녀, 특히 여성들은 개별적이고 고유한 존재로서 자신을 승인받을 수 있는 특별한 관계를 기대합니다. 그런데 이 연애 프로젝트를 가장 중요하게 규정한 것이 이른바 '커플 문화'라 불린 시장이었던 것이지요. 각종 상품 구입과 교환을 통해 기념일을 챙기는 문화나 커플링 등의 커플 상품이 대거 등장한 것이 바로 이 시기였습니다. 특히 기억에 남는 것은 당시 최신 젊은이 문화를 주도한 상품이었던 핸드폰 시장에서 017이 내놓아 히트를 쳤던 커플 무제한 통화 요금제입니다. 제 주위 캠퍼스 커플들이 대부분 이 상품에 가입했다가 헤어진 후 해지가 어려워 곤욕을 치른 기억이 납니다. 그러니까 이 시기 연애는 자연스러운 감정 혹은 결혼 전 단계 과정이라기보다 소비문화의 틀 속에서 전략을 짜고 기획하는 하나의 프로젝트가 된 것이죠. 섹슈얼리티 또한 이 관계 내에서 하나의 이벤트로 자리하는 현상이 등장했습니다. 에바 일루즈(Eva Illouz)는 미국을 중심으로 한 현대 서구에서의 사랑 문화를 분석한 책을 여럿 쓴 감정사회학자입니다. 그녀는 『낭만적 유토피아 소비하기: 사랑과 자본주의의 문화적 모순』이라는 책에서 오늘날 사랑의 문화는 '로맨스의 상품화, 상품의 낭만화' 현상을 제외하고는 이해할 수 없다고 말합니다. '상품의 낭만화'는 20세기 초 영화와 광고 이미지 속에서

이토록 두려운 사랑

상품이 낭만적 아우라를 획득하는 방식을 일컫습니다. '로맨스의 상품화'는 로맨스 관행이 초기 대중 시장을 통해 제공된 여가 상품 및 여가 기술의 소비와 점차 맞물리고, 그런 상품과 기술에 의해 정의되는 방식들과 관련되는 과정을 일컫습니다.

예를 하나 들어보겠습니다. 오늘 강의에 오기 직전까지 다른 일이 있어서 여기에 카카오택시를 타고 왔어요. 그런데 공짜 시승에 당첨되어서 메르세데스 벤츠의 신모델을 타고 왔습니다. 요즘 한국에 수입되는 외제차들이 카카오택시와 제휴를 맺고 이런 이벤트를 한다고 하더군요. 그런데 이게 이벤트의 끝이 아니고, 공짜 시승에 당첨이 되면 택시 안에서 또 한 번 응모를 할 수 있더라고요. 더 자세한 제 정보를 주는 방식으로 응모해서 당첨되면 가격이 2억 가까이 되는 차를 60일 동안 무료 시승할 수 있을 뿐 아니라 애인과의 여행과 근사한 저녁식사까지 할 수 있는 이벤트더군요. 자동차라는 상품이 본질적으로 데이트나 로맨스와 관련을 맺는 것은 아니죠. 그러나 우리 대부분은 아주 자연스럽게 자동차와 데이트를 연결 지어 생각합니다. 이게 바로 '상품의 낭만화'지요. 영화 「버스, 정류장」에서도 여자 주인공이 남자 주인공에게 관심이 생기자 드라이브를 같이 가고 싶다고 얘기하잖아요. 그러자 별 의욕 없이 살던 우리의 남주인공이 기운을 내서 운전 면허를 따는 장면이 있지요. 이런 식으로 로맨스 관행들이 여가 상품과 여가 소비의 기술과 맞물려 형성되고 정착되는 과정이 바로 '로맨스의 상품화'이고요. 이처럼 '상품의 낭만화'와 '로맨스의 상품화'는 연관을 맺으며 서로를 강화합니다.

　　이와 같은 현대 로맨스 문화에서 일루즈가 강조하는 것은 사랑, 후기자본주의 문화, 그리고 계급 간의 긴밀한 연관입니다. 그녀는 '문화자본'과 '구별짓기' 개념으로 유명한 프랑스의 문화사회학자 부르디외를 참조해 사랑이 새로운 형태의 '사회적 구별짓기'가 되었다고 주장합니다. 사랑과 연애는 여가를 어떻게 보내는지와 직접적인 관련이 있기에, 여가 추구에 투자할 수 있는 잉여 소득과 시간이 중요하며, 여기에 여러 유형의 여가를 보내는 데 요구되는 중산층의 올바른 매너에 대한 지식과 관행이 뒤얽혀 현재 로맨스 문화를 형성했다는 것이지요.

　　반면 미국 역사학자 베스 베일리(Beth L. Bailey)는 미국의 데이트 문화의 변천을 다룬『데이트의 탄생: 자본주의적 연애제도』에서 데이트가 젠더 권력을 재구성했다고 봅니다. 지난 시간에 잠시 언급한, 구혼 각본에서 데이트 각본으로의 변화 기억하시지요? 베일리는 구혼 각본이 일반적이었던 시절에는 남성이 여성의 공간인 집을 찾아와 그녀와 그녀 가족의 규칙에 따르면서 결혼을 청해야 했던 반면, 데이트 각본이 일반화되면서 여성이 남성적 공간인 공공영역으로 나가야 하는 변화가 일어났다고 분석합니다. 그러니까 구혼 문화에서는 주도권이 여성에게 있었던 반면, 데이트 문화에서는 남성에게 그 주도권이 넘어갔다고 보는 것이지요. 남성들은 데이트에서 돈을 지불하면서 상대 여성의 외모와 감정노동, 섹슈얼리티를 구입합니다. 이런 방식으로 젠더 권력이 재형성되었다는 거죠. 여러분은 두 학자의 주장 중 어느 것이 더 설득력이 있다고 생각하시는지요?

첫 시간에 드라마 「청춘시대」를 통해 연애에서 기대되는 남녀 매력의 차이와 남성들 간 격차 증가로 연애 관계에서 긴장이 심화되는 현상을 살펴봤습니다. 사실 지금 한국의 사랑과 연애 문화에서는 계급과 젠더 중 어느 하나가 더 큰 규정력을 갖는다고 보기는 어렵습니다. 이는 사랑과 연애가 결혼, 섹슈얼리티, 가족과 맺는 관계가 서구와 상당히 다르기 때문에 더 그렇습니다.

3강 자원 거래의 장이 된 연애

한국의 '대시 각본',
그 젠더/섹슈얼리티 정치학

이와 관련하여 저는 현재 한국의 연애 문화에서는 구혼 각본도, 데이트 각본도 아닌 '대시 각본'이 더 일반적이라고 봅니다. '고백 각본'이라고도 할 수 있겠습니다. '대시'는 영어 단어인 dash를 한국식으로 표현한 것으로 짐작됩니다. 이 단어는 원래 돌진하거나 세게 부딪힌다는 뜻입니다.

연애가 일종의 프로젝트가 되면서 연애의 기회가 늘고, 그것이 꼭 결혼 전 단계를 의미하지는 않게 되면서 일시적이나마 진정한 연인 관계를 규정할 필요가 생겼습니다. 이때 두 사람의 관계를 연인으로 규정하는 것이 바로 고백입니다. 한쪽에서 '좋아한다.'거나 '사귀고 싶다.'는 고백을 하고 상대방이 받아들이면 서로, 그리고 남들에게도 연애 관계로 인정되는 것이 한국에서 일반적인 방식입니다. 연애하지 않는 일본 젊은이들에 대한 보고서를 펴낸 우시쿠보 메구미(牛窪惠)는 이런 고백 문화가 한·중·일 세 동아시아 나라에서 일반적으로 나타난다고 지적합니다. 반면 서구의 데이트 문화에는 이런 단계가 없습니다. 두 사람 간의 성애적 호감은 보통 둘만의 문화적 만남, 식사, 뒤이은 깊은 대화와 눈 맞춤, 신체 접촉을 통해 표현됩니다. 서로 호감을 가지고 있다고 판단되면 키스와 포옹 등 조금 더 가까운 신체 접촉을 하게 되고 성관계로까지 이어지죠. 이후 데이트를 지속하면서 동거를 결정하게 되고요. 임신, 출산, 결혼은 또 다른 단계의 문제입니다. 최근 미국 드라마나 서구 로맨스 영화에서 그려지는 만남을 떠올려보면 '대시 각본'과 '데이트 각본'의 차이를 이해하실 수 있을 거예요.

대시 혹은 고백은 대체로 남성이 여성에게 '연인으로서 진지한 관계를 갖고 싶다.'라는 뜻을 전달하는 과정이라고 할 수 있습니다. 이때 생략된 말은 '결혼까지는 모르겠으나'이겠지요. 제가 20대였던 1990년대까지만 하더라도 '여자가 먼저 고백하면 매력이 반감된다.'라는 충고가 일반적이었습니다. 최근에는 여성의 고백이 이상하게 여겨지지는 않습니다만, 여전히 남성이 고백하는 것을 이상적으로 여기는 듯합니다. '대시'라는 단어 자체가 남성적 함의를 띤 단어이기도 하지요. 여하튼 '결혼까지는 모르겠으나 진지한 관계'라는 속뜻에서 살필 수 있는 고백 각본의 핵심은 성관계입니다. 고백(대시)해서 연인이 된 후 성관계를 갖는 게 일반적인 과정인

데, 이는 아주 절묘한 한국형 사랑 · 결혼 · 성의 분리를 의미합니다. 여성은 결혼의 전 단계가 아닌 분리된 장으로서의 사랑/연애 관계에서 상대 남성과 성관계까지 가져도 되는지를 확신할 수 없습니다. 그러니 소위 '책임'을 법으로 강제할 수는 없지만, 문화적으로 합의는 하자는 거지요. 그러다보니 이때부터 소유의 언어가 난무합니다. '연인'이 되면 '내 것'이 되었다는 식의 소유의 언어로 관계를 표현합니다.

여기서 알 수 있는 점은, 한국 여성들에게 결혼은 여전히 중요하다는 겁니다. 아무리 연애가 프로젝트가 되고 연애와 결혼이 분리되었다고 해도, 서구 여성들처럼 데이트를 하고 같이 살기 괜찮은 사람이라고 판단하면 동거를 해보기는 여전히 어렵지요. 임신과 출산, 결혼이 별개의 결정이기는 더욱 어렵고요. 왜 그럴까요? 여러 가지 이유가 있고 또 그 이유들이 서로 연관을 맺고 있습니다만, 단적으로 한국 사회에서 결혼을 하지 않는 삶은 사회 · 경제적으로, 그리고 문화적으로도 매우 열악하다는 점을 생각할 수 있겠습니다. 일단 여성이 경제적으로 독립적인 삶을 꾸려나가기가 아주 어렵습니다. 노동 시장에서의 남녀 불평등과 관련 있는 상황이지요.

게다가 결혼을 하지 않았는데 임신이라도 하게 되

면 그 해결과 책임은 모두 여성 개인에게 지워집니다. 이와 관련하여 한국의 낙태 관련법이 이중적이라는 사실을 지적하고 싶습니다. 형법에서는 낙태를 죄로 규정하지만 모자보건법에서는 낙태를 할 수 있는 사유를 제시하고 있거든요. 이는 여성의 권리와는 아무 상관이 없는, 발전국가 시기 효율적 인구 관리를 위해 낙태를 피임의 일종으로 규정한 이중적 법체계입니다. 그 시절에는 인구 통제를 위해 여성들이 낙태를 해야만 했던 겁니다. 저출산이 문제가 된 2008년부터 다시 낙태를 죄로 처벌하려는 움직임이 강해진 것만 봐도 모자보건법은 여성의 권리와는 거리가 멀다는 점을 확인할 수 있습니다. 아무튼 이런 상황에서 여성들은 연애 관계에서 성에 대한 두려움이 커질 수밖에 없지요.

이런 대시 문화에서는 플러팅과 유혹의 섬세한 테크닉이 발달하기 어렵습니다. 플러팅이나 유혹이라고 하면 육체적인 것만을 떠올리기 쉬운데요, 사실 플러팅과 유혹은 서로가 한 명의 고유한 개인들로 각자의 매력을 선보이며 팽팽한 긴장을 유지하는 관계 속에서 발달하는 기술입니다. 저는 플러팅과 유혹의 핵심은 신체보다는 언어라고 봅니다. 더 정확하게 말하자면 언어적 유희 속에 놓인 신체들의 '밀당'이라고 할 수 있겠지요. 플러팅과 유혹은 상대방이 내가 절대로 소유할 수 없고, 완전히 이해할 수도 없는 타자라는 것을 인정해야 가능한, 말하자면 커뮤니케이션의 근원적 불가능성 속에서 추구하는 일시적 가능성의 세계인 것이죠. 그런데 성별분업적 결혼과 여전히 강력하게 연관되어 있는 대시는 관계를 아주 손쉽게 소유와 역할로 이전시킵니다. 플러팅이나 유혹과는 거리가 먼 관계지요. 서구의 데이트 문화에서는 서로 통한다고 느끼면 바로 키스나 섹스를 해버리니 오히려 플러팅과 유혹의 자리가 없지 않을까 생각할 수도 있지만, 섹스가 목표이기보다 오히려 관계의 시작이기 때문에 그 이후에도 굉장히 많은 여러 과정과 단계를 거치며 이런 긴장이 유지됩니다.

사실 섹스를 했다고 해서 어떻게 서로를 소유할 수 있겠습니까? 그건 두 사람이 함께 특정 활동을 한 것에 불과하지요. 저는 누군가를 사랑하기 위해서는 그전에 상대를 절대로 소유할 수 없다는 것을 알아야 한다고 생각합니다. 그리고 이는 결국 무엇으로도 환원할 수 없는 개인으로서의 각자들, 그리고 그 사이에서의 평등이라는 문제와 연결됩니다. 이런 의미에서 평등한 연애, 페미니즘적 연애는 재미없고 딱딱하다는 속화된 상상은 교정될 필요가 있습니다. 저는 평등한 연애, 페미니즘적 연애야말로 플러팅과 유혹이 넘치는 흥미진진한 과정이라고 생각해요. 한국 사회에서도 역할로 환원되지 않는, 평등하고도 모험 가득한 관계에 대한 상상과 이야기가 더 풍부해지길 기대합니다.

'원조교제', 성거래로서의 연애의 등장

다시 「해피엔드」의 결말로 잠시 되돌아가 봅시다. 앞서도 이야기했듯 이런 재현은 1997년 말 한국을 강타한 IMF 경제위기와 대량 실직 사태를 배경으로 합니다. 재현과 담론은 이를 남성 가장의 위기로 재현했지만, 실은 보다 주변적인 위치에 있었던 여성 노동자들이야말로 더 취약한 위치로 내몰렸지요. 이를 상징적으로 보여주는 사건이 IMF 직후 벌어진 농협 사내 부부 우선 해고 사건입니다. 이 사건은 농협이 IMF 직후 인력을 구조조정하면서 사내 부부 사원을 우선 명예퇴직 대상자로 선정하면서 시작되었습니다. 사내 부부 중 여성 사원들에게 그들이 명예퇴직을 하지 않으면 남편들에게 불이익이 돌아갈 것이라고 사직 압력을 가했죠. 그 결과 대부분의 사내 부부 여성들이 실제로 사직했습니다. 명예퇴직 대상자였던 여성들 중 두 명이 소송을 제기했지만 1, 2심에서는 기각되었고 대법원에서도 패소했습니다.

그리고 1997년 한국 언론에서는 처음으로 '원조교제'라는 말이 등장합니다. 이 용어 자체는 일본에서 유래했습니다. 1970년대 일본에서 중년 남성들이 여고생들에게 돈을 주고 섹슈얼리티를 사는 현상이 등장했는데, 이것을 도움을 주는 원조라고 봐서 '원조교제'라고 부른 거지요. 철저히 남성의 관점에서 명명된 용어입니다. 20년 정도의 시차를 두고 한국에서 이런 현상이 등장했고 여성학에서는 이를 '청소년 성매매' 혹은 '10대 성매매'라고 명명하면서 성매매를 분석하는 틀 안에서 봅니다만, 저는 연애가 보다 노골적인 성거래의 형식을 띠게 되는 것과 관련하여 이 현상을 생각해보고 싶어요. 사실 앞서 언급한 베일리에 따르면, 미국에서 데이트라는 용어는 성매매 여성들이 구매 고객 남성들과의 사이에서 벌이는 관행에서 유래했다고 합니다. 중산층 여성들의 연애는 구혼 각본에 따라, 성매매 여성들의 연애는 데이트 각본에 따라 행해지다가 이것이 중산층 여성들에게까지 확산되었다는 설명입니다.

이토록 두려운 사랑

「나쁜 남자」는 원조교제, 즉 청소년 성매매를 다루지는 않습니다만「나쁜 남자」와「버스, 정류장」두 작품 모두 중산층 가정 내의 어리고 젊은 여성들이 섹슈얼리티를 자원으로 삼게 되는 상황을 그리고 있습니다. 여성주의자들과 역사학자들은 성매매, 즉 가족 바깥의 상품화된 성이 가족 내 재생산을 위한 상품화되지 않은 성과 동시에 발생했다고 지적해왔습니다. 이탈리아 페미니스트 레오폴디나 포르투나티(Leopoldina Fortunati)는 자본주의 도래에 따른 성별분업과 가족의 성립이 남성을 생산노동에 종사하는 임금노동자이자 생계부양자로, 여성을 재생산노동에 종사하는 자로 위치 지었다고 설명하면서, 임금노동자인 남성 측에서 볼 때 가사노동과 성매매는 모두 '재생산노동'에 속한다고 분석합니다. 즉 남성에게는 성 시장에서의 성적 욕망의 충족이 가정에서의 휴식이나 아내를 통한 성적 욕망의 충족과 마찬가지로 다음 날 출근해서 일을 하기 위한 노동력 재생산의 다른 측면들이라는 것입니다. 이 일들은 모두 임노동을 위한 필수조건이자 잉여가치가 추출되는 노동이기 때문에 '가사노동'이며 '성노동'이라고 불릴 수 있다고 보는 건데, 결국 자본이 이런 방식으로 남성을 통해 아내와 성매매 여성의 노동을 무상으로 갈취해

잉여가치를 추출하게 된다는 거지요. 그렇지만 어쨌든 이 시기에는 가정 내 여성인 주부와 가정 밖 여성인 성매매 여성이 명확하게 분리되어 있었습니다.

그런데 이 영화들이 보여주는 것은 그 경계가 희미해지는 상황에 놓인 중산층 가정 내 여성들이죠. 「버스, 정류장」 주인공은 여고생 소희입니다. 소희의 가족은 뇌물을 받는 공무원 아버지, 수영 강사와 바람이 난 어머니, 범생이 언니로 이루어진 한국의 전형적인 중산층 이성애 핵가족입니다. 소희가 이에 반항하는 방식은 '미성년자'라는, 성적으로 금기시된 자신의 몸을 이용해 '원조교제'를 하는 것이죠. 성적 호기심과 상대적으로 쉽게 주어지는 돈으로 친구들을 조종할 수 있는 쾌감도 이 행동의 부분적인 이유가 되었을 테고요. 그리고 변두리 학원에서 국어 강사로 일하는 재섭이 그녀를 이해하고 교감하는 상대로 등장합니다.

영화는 같은 장면을 재섭의 시각에서 한 번, 소희의 시각에서 한 번 더 반복함으로써 두 인물이 동일한 상황을 어떻게 각자의 입장에서 느끼는가를 보여줍니다. 두 사람의 관계가 가까워지면서 이 반복은 더 이상 등장하지 않고 각자 그리고 함께 체험하는 사건들이 나옵니다.

이토록 두려운 사랑

대학 시절 똑똑하고 글을 잘 쓰는 것으로 인정받았던 재섭은 등단이 뜻대로 되지 않지만 다른 친구들처럼 취직을 하지도 않으면서 결국은 '꼬일 대로 꼬인' 인물입니다. 제게는 그가 1990년대라는 가능성의 시대, 그리고 그 가능성이 급격히 식어버린 1990년대 말 이후를 상징한다고 여겨졌습니다. 세상의 억압과 위선을 알고 있고 그대로 살고 싶지 않지만, 제대로 저항하면서 삶도 지속할 수 있는 출구를 찾지는 못합니다. 이런 면이 소희와 비슷하지요. 재섭은 연애와 결혼에 대해 당연히 냉소적입니다. 변한 세상에서 그것은 무엇보다 돈이 필요한 일이기 때문에 그렇습니다. 제대로 취직도 하지 못한 그가 추구할 수 있는 관계가 아닌 것이지요. 이런 그가 찾을 수 있는 상대가 바로 성매매 여성입니다. 소희와 재섭 모두 중산층 이성애 가족의 삶에 불만을 가지고 있지만 남성은 성을 사는 것으로, 여성은 성을 파는 것으로 강제하는 힘이 바로 제도로서의 자본주의적 가부장제라고 할 수 있습니다. 그러나 어쨌든 서로의 결여를 알아본 두 남녀는 거짓말 게임의 형식을 빌려 진실을 이야기하고 교감하며 관계를 발전시켜 나갑니다. 재섭은 임신을 한 소희를 세상의 잣대로 비난하거나 그 사실에 놀라기보다 그녀가 가장 필요로 하는 도움, 즉 낙태 수술에 동행합니다.

　　　저는 이 영화가 재섭이라는 성년 남성을 등장시킨 것은 논쟁적일 수 있지만 의도적이었다고 봅니다. '원조교제'가 문제가 되었을 때 성년과 미성년의 관계에 집중해 세상의 성윤리 타락은 10대 여성의 책임이라고 떠들어대는 사회적 분위기가 있었습니다. 지금도 별반 다르지 않지요. 이 영화에서 미성년자 소희는 성년 아저씨에게 돈을 받고 언뜻 보면 연애인 듯 보이는 관계를 맺습니다. 아저씨는 매번 소희의 눈치를 살피면서 맛있는 것도 먹으러 가고, 영화도 보러 가는 등 데이트의 형식을 취합니다. 그렇지만 결국 자기 위주의 관계, 성관계 중심의 관계를 강요합니다. 이걸 가능하게 하는 게 돈이고요. 그렇지만 또 다른 성년 남성 재섭은 다르지요. 재섭과 소희는 교감하고 그것을 바탕으로 관계를 맺습니다. 이때 두 관계가 모두 성년 남성과 미성년 여성의 관계라고 해서 똑같은 방식으로 문제 삼을 수 있을까? 이런 질문을 던지고 있는 겁니다. 그러니 이 영화는 성년과 미성년자의 관계 그 자체가 문제라기보다, 각자의 인생 그리고 관계의 맥락에서 그것이 어떤 관계인지를 보는 것이 중요하다는 메시지를 던지고 싶었던 게 아닐까 싶습니다. 물론 쉽지 않은 이야기입니다. 10대

　　　　　　　　　　　　　　　이토록 두려운 사랑

청소년, 그중에서도 10대 여성에 대한 성적 재현, 억압, 이용이 너무도 광범위한 요즘에는 더 그렇지요. 그럼에도 저는 10대 여성들과 10대 남성들이 자신들을 어떻게 해석하는지, 또 이들이 다른 이들과 맺는 관계에 대한 언어는 어떤 것인지가 더 드러나야 한다고 봅니다.

　　반면 「나쁜 남자」에서 중산층 가족 내 젊은 여성 선화가 자신의 섹슈얼리티를 팔게 되는 상황은 자신의 의도나 의지와 아무런 관련이 없습니다. 그녀의 성적, 인간적 몰락을 강제하는 것은 집창촌 포주와 연결된 건달 남성 한기의 욕망과 힘입니다. 영화는 한기가 그런 욕망을 갖게 된 이유는 선화가 그를 모욕했기 때문이라고 그리고 있습니다. 첫 장면 기억하시지요? 대학생 선화의 모습을 위에서부터 아래까지 탐스럽게 훑는 카메라의 시각이 아주 전형적인데요, 이 여자가 그 욕망의 시선 안에 포박되지 않는 거예요. 그녀가 강제 키스를 하려고 한 한기의 뺨을 때리고 '사과하라'고 요구한 장면이 바로 이를 보여줍니다.

　　사실 이 장면을 이번에 다시 보고 얼마나 웃었는지 몰라요. 이즈음 '운동사회 성폭력 뿌리뽑기 100인 위원회' 활동이 있었는데요, 100인위 활동 이전부터 1990년대 중후반

영화 「나쁜 남자」 포스터.

대학가 영 페미니스트들은 성폭력 및 성희롱 사건들과 그야말로 '전쟁'을 치르고 있는 상황이었습니다. 그때 가장 강하게 주장한 것 중 하나가 가해자의 '공식적인 사과'였습니다. 우리가 뜻을 같이하거나 적어도 목표를 같이한다고 생각한 집단, 그것도 진보적인 운동 집단 내에서 벌어진 수많은 성폭력, 성희롱 사건들을 피해자 여성들이 그냥 묻고 지나가거나

이토록 두려운 사랑

아니면 집단을 떠날 것을 감수하고 드러내어 결국 떠나게 되는 상황들에 문제제기하고, 공동체가 이 문제를 함께 고민하는 첫 걸음으로 공식적인 사과를 요구한 것이죠. 그런데 이런 정치를 전도시켜 중산층의 성규범으로 하층계급을 모욕한 것으로 재현하다니, 기가 막혀서 한참을 웃었습니다. 그래서 이 영화는 여자의 심리와 행동을 이해하기에는 부적절한 텍스트입니다. 우리가 이 영화를 통해 볼 수 있는 것은 섹슈얼리티를 경유해 젠더 격차를 통하여 계급 격차를 해소하려는 남성 중심적 욕망이지요.

카메라의 시선은 이를 잘 드러냅니다. 영화는 무엇을 말하는가도 중요하지만 어떻게 보여주는가가 더 중요합니다. 똑같은 장면이라도 어떻게 보여주는가에 따라 완전히 다른 메시지를 가지게 되며, 여기에는 만든 사람의 욕망이 반영되기 때문이지요. 이 영화에서 대부분의 장면은 위에서 내려다보다는 방식으로 촬영되었습니다. 첫 장면을 제외하고는 거의 다 그렇습니다. 특히 집창촌과 성매매 여성들이 고객과 섹스를 하는 장면들이 그렇지요.

이는 모든 상황을 위에서 내려다보며 통제하려는 권력의 시선, 그리고 그런 권력을 욕망하는 시선입니다. 또 성매매를 땅-아래에서 벌어지는, 잡다한 여러 인간사 중 하나로 느끼게 하는 효과가 있지요. 반면 「버스, 정류장」의 카메라의 시선은 대부분 정면에서 바라보는 시선입니다. 그런데 「나쁜 남자」에서도 정면에서 바라보는 시선이 있습니다. 바로 여자 주인공 선화가 등장할 때입니다. 그렇지만 이 또한 훔쳐보는 방식이기에 선화는 한기를 보지 못합니다. 한기가 선화를 정면에서 바라보는 것은 그녀와 동등해지고 싶은 욕망을 반영하지만, 서로 마주보는 게 아니라 일방적으로 훔쳐본다는 것은 역시나 시선을 통한 통제의 욕망을 드러냅니다. 두 사람이 서로를 볼 수 있게 되는 것은, 선화가 자신이 더 이상 중산층에 속해 있지 않으며 집창촌에 있는 다른 여성들과 다를 바 없다는 사실을 받아들일 때 가능해집니다. 즉 서로의 결여와 상처를 알아보고 교감하면서 마주보게 되는 게 아니라 선화의 사회경제적 위치가 하락하면서 어쩔 수 없이 한기 옆에 있게 되는 것이죠. 그래서 이 영화에서는 두 사람이 서로를 이해하고 교감하는 장면이 없습니다. 이와 관련하여 두 영화의 한 장면씩을 잠시 비교해보겠습니다.

　　「버스, 정류장」에서 볼 장면은 소희와 재섭이 버스정류장에서 만나 함께 술을 마시러 가서 대화를 나누고 헤어지

「버스, 정류장」의 소희와 재섭.

는 장면입니다. 저는 이때부터 소희와 재섭 두 사람의 관계가
시작되었다고 봅니다. 버스정류장에서의 대화는 표면적으로
는 소희가 그전에 봐달라고 한 논술 숙제에 관한 것입니다만,
사실 이때 소희는 재섭의 상태를 꿰뚫어보는 말을 하지요. 재
섭이 소희의 논술을 칭찬하면서 자신이 몇 자 고쳤지만 네가
싫으면 할 수 없다는 말을 하자, 소희는 상대의 반응에 관심이
없고 세상 모든 일에 애정이 없는 재섭의 내면을 지적합니다.
재섭은 자신을 꿰뚫어보는 소희에게 마음으로부터 일어나는

3강 자원 거래의 장이 된 연애

반응을 보이게 되는데, 이것을 드러내는 장면이 바로 두 사람이 버스를 타고 가는 장면이죠. 둘은 멀찍이 떨어져 앉습니다만 서로를 의식하고 있습니다. 둘의 시선이 마주칠 듯 마주치지 않는 게 그 증거지요. 그리고 둘은 술을 마시러 갑니다. 술을 마시며 소희는 모범생의 모습 이면에 숨어 있는 자신의 고민과 욕망을 드러내고 둘은 세상에 이질감과 불편함을 느끼며 속하지 못하는 서로를 알아봅니다.

　　반면「나쁜 남자」에서 볼 장면은 한기와 선화가 처음으로 나란히 앉는 장면입니다. 그러나 이 장면은 서로를 알아본다거나 이해하는 것과는 거리가 멀죠. 이전 장면에서 선화는 자신을 좋아하는 집창촌 건달의 도움을 받아 탈출을 시도합니다. 그런 그녀를 뒤쫓은 한기는 기어이 선화를 다시 잡아옵니다. 돌아오는 길에 들른 바닷가에서 둘은 나란히 앉아 바다를, 그리고 마치 자살하는 것처럼 바다로 들어가는 한 여성을 바라봅니다. 그렇지만 둘 중 누구도 그녀를 붙잡지 않습니다. 대신 선화는 그녀가 남긴 찢어진 사진을 간직합니다. 여기에서도 선화는 '이제 그만 내 자리로 보내달라.'며 탈출을 시도하지만 실패하지요. 둘은 집창촌으로 돌아오고 그날 밤 한기는 선화의 방으로 갑니다. 마치 아이가 엄마에게 칭얼대는

　　　　　　　　　　　　　이토록 두려운 사랑

것처럼 침대에서 손을 잡고 눈물을 흘리는 한기와 당황스러워하는 선화를 보여주는 이 장면에서 흐르는 동요 같은 음악이 인상적입니다. 한기가 잠들자 선화는 침대에서 내려와 앉아서 잠이 듭니다. 자기 자리를 찾아가고 싶어 하는 여자와 그런 여자를 억지로 자신의 자리에 갖다놓는 남자가 상호 이해를 통한 관계에 이를 리는 만무하지요.

　　　여기서 한기가 말을 하지 못하는 남성이라는 설정에 관해 생각해봅시다. 사회가 결국 언어를 통해 만들어진 질서의 집합체라고 본다면, 그는 이 사회에 진입하지 못한, 사회 이전의 존재라고 할 수 있습니다. 재섭 또한 '어른이 되기 싫다.'는 말을 합니다. 어른으로 대변되는 사회적 질서에 편입되기 싫다는 의미겠지요. 이처럼 두 영화의 남성 주인공들은 모두 세상과 어떤 의미로든 불화를 겪고 있는 인물들입니다. 그렇지만 이들이 여성들과 관계를 맺는 방식은 다릅니다. 재섭은 자신과 마찬가지로 어른이 되기 무섭다고 말하는 소희의 말을 듣습니다. 반면 한기는 선화를 자신처럼 말을 하지 못하는 존재로 만듭니다. 속에 든 것을 게워내는 선화에게 한기가 '너도 나같이 되었구나.'라며 안도하는 장면이 이를 단적으로 드러냅니다. 이른바 '후려치기'인 거죠.

2015년《시사IN》에 여성혐오 현상을 빅데이터로 분석한 기사가 실렸습니다.[•] 데이터에 따르면 남성들이 여성을 혐오하는 감정을 느끼고 이를 표현하는 가장 큰 이유는 우리가 흔히 생각하듯 군대가 아니라 연애와 결혼 때문이었다고 해요. 연애와 결혼에서 느끼는 어려움이 이들로 하여금 여성혐오적 표현을 서슴없이 하게 하고, 이런 표현을 통해 여성들이 스스로를 혐오할 만한, 못난 존재라고 느끼게 하여 남성들 옆에 있게 하는 '자멸적인 홍정 전략'이 숨어 있다는 겁니다. 최근 인터넷 용어로는 '후려치기'인 거지요. 아주 흥미로운 분석이라고 생각하지만, 이보다 더 중요한 문제는 '왜 연애와 결혼이 어려워졌는데 남성들은 여성들에게 잘해주기보다 후려치려고 하는가?'이겠지요. 그러니까 한기가 선화가 좋아서 같이 있고 싶었다면 선화에게 잘해줘서 자기를 좋아하게 만들어야 할 텐데, 왜 그녀를 강제로 끌고 와서 창녀로 만들었을까요? 이런 남성에게는 여성의 '용도'가 애당초 남성의 연애 및 결혼 상대인 겁니다. 여성이 성역할로만 규정될 때 그녀의 개인성, 고유한 욕구와 욕망은 설 자리가 없습니다. 자기가 남

● 천관율, 「여자를 혐오한 남자들의 '탄생'」, 《시사IN》 418호(2015년 9월 7일).

이토록 두려운 사랑

자고 상대가 여자인 것만으로 연애, 관계, 결혼이 성립해야 하는데 그렇지 않으니 강제적인 힘을 쓰든지, 여성들을 원망하든지 하는 거예요. 자신의 욕망으로 상대방의 마음까지 규정하는 거지요. 이런 의미에서 앞서 이야기한 커뮤니케이션 시도로서 유혹의 핵심은 말을 잘해야 한다는 의미라기보다 상대의 표현 속에서 상대의 필요를 제대로 읽어낼 수 있는 능력, 즉 상대방의 욕망에 일단 자신을 놓을 수 있는 여유를 필요로 합니다. 소희의 말과 이에 반응하는 재섭의 행동을 떠올려보세요.

같은 해에 개봉하고 비슷한 현상을 다룬 두 영화 중 「나쁜 남자」가 압도적으로 더 많은 인기를 누린 현상은 한국에서 남녀 관계를 상상하고 욕망하는 방식이 성찰적이기보다 폭력적이라는 사실을 드러낸다고 볼 수 있습니다. 더욱 놀라운 것은 이 영화가 폭력적인 남녀 관계를 인간의 타락과 구원이라는 테마로 갑자기 수직 상승시킨다는 겁니다. 결국 포주와 창녀로서 서로의 짝이 되는 마지막 장면에서 찬송가가 흘러나오는 것이 그 증거인데요, 정말 황당한 자의식의 반영이죠. 이와 관련하여 「나쁜 남자」의 감독은 한국을 대표하는 예술영화의 거장이 된 반면 「버스, 정류장」의 감독은 이 놀라운

입봉작 이후 변변한 작품 하나 만들지 못한 현실도 함께 생각해봐야 할 문제적 상황이고요.

'원조교제'에서 '조건만남'과 '애인대행'으로

그리고 2016년에 개봉한 애니메이션 「서울역」은 한층 더 문제적으로 전개되고 있는 여성 섹슈얼리티의 자원화, 연애와 성매매의 경계에 관한 상황을 보여줍니다. 이 작품은 같은 해 먼저 개봉해 크게 화제가 되었던 영화 「부산행」의 프리퀄입니다. 저는 「부산행」도 재미있게 봤지만 「서울역」이 더 흥미로웠는데요, 「부산행」에서 최초의 좀비가 된 여성이 어쩌다 좀비가 되었는지를 아주 현실적이고 음울하게 그리고 있습니다. 그녀는 말하자면 원조교제를 하면서 연애하는 남성과의 동거 생활을 유지합니다. 그런데 이 영화에서도 그렇고, 요즘은 '원조교제'라는 용어를 거의 안 쓰지요. 그럼 어떤 용어를 쓸까요? '조건만남', 줄여서 '조건'이라는 말을 주로 씁니다. 두 용어의 차이가 느껴지시나요? '원조교제'는 원조를 받는 10대 청소년 여성의 연령과 '교제'로 뭉뚱그려진 관계에 방점이 찍힌다면, '조건만남'은 더 노골적이죠. 이 용어에서는 연령이 더 이상 문제시되지 않습니다. 대신 서로의 조건을 내건 거래의 측면이 두드러지지요. 청소년 성매매 연구들에 따르면 '원조교제'라는 말 대신 '조건만남'이라는 말이 등장한 시기는 대략 2000년대 후반부터라고 합니다. 동시에 '애인대행'이라는 말도 쓰이기 시작해요. 첫 시간에 살펴본 「청춘시대」 강이나가 하던 일을 생각하시면 됩니다. '조건만남'이 돈과 시간이라는 자원이 상대적으로 열악한 남성들의 수요에 부응한 것이라면, '애인대행'은 돈과 시간이 있는 남성들의 수요와 관련 있습니다. 그러니까 1990년대 말에 등장한 '원조교제'라는 개인형 성매매가 '조건만남'과 '애인대행'으로 분화한 것입니다. 그리고 조건만남의 경우 더 이상 개인형 성매매로 보기도 어렵다고 합니다. 가출 청소년들이 집단적으로 생활하면서 그 집단을 유지하기 위해 조건만남을 할 때 상대 남성 관리와 고객 조달을 위해 포주를 두게 되기 때문입니다. 이런 상황은 2016년 각종 영화제들에서 화제작으로 떠오른 「꿈의 제인」에서 잘 그리고 있습니다. 가출 청소년들은 자신들의 집단을 '패밀리'의 은어인 '팸'이라고 부르고, 집을 제공한 사람을 나이가 비슷해도 '아빠'라고 부릅니다. '팸'의

'아빠'가 하는 일은 조건만남을 비롯한 구성원들의 알바 주선과 알바에서 벌어들이는 돈 뜯기, 그리고 구성원 관리입니다. 어떻게 보면 한국 정상가족을 일그러진 형태로 비추는 거울상 같은 명명이랄까요. 정말 흥미롭지요. 안타깝게도 「서울역」이나 「꿈의 제인」 같은 영화를 보면 「버스, 정류장」은 낭만적으로 보일 지경입니다.

'애인대행' 시장도 점점 그 영역을 확장해 나가고 있는 것으로 보입니다. 저는 연예인 지망생들과 신인 연예인들을 인터뷰해서 박사 논문을 썼는데요, 그때 만난 모든 여성 지망생들과 신인들이 애인대행 요구를 받은 적이 있다고 얘기하더군요. 연극영화과나 방송연예과에 다니는 학생들은 개인 홈페이지를 통해 메일로 연락을 받은 경우도 많이 있었고요. 그렇지만 이 시장의 규모와 양상에 대한 본격적인 연구는 아직 없습니다.

개인형 성매매의 이런 분화는 첫 시간에 이야기한 남성들 간 격차 증가와 관련 있어 보입니다. 또 아이러니하게도 2000년대 초반 제정, 시행된 '아동·청소년의 성보호에 관한 법률'(이하 아동청소년성보호법)도 이런 상황이 전개되는 데 영향을 미쳤다고 합니다. 2000년대 초반부터 말까지 원조교

이토록 두려운 사랑

제를 하는 10대 여성을 연구한 여성학자 김고연주에 따르면 아동청소년성보호법 제정 이후 일부 성구매 남성들은 처벌의 위험이 적은 20대 초반 여성을 선호하게 되었다고 합니다. 그러면서 20대 초반 여성들이 개인형 성매매에 유입되기 시작한 거죠.

　　저는 2000년대 중반부터 대학에서 학생들을 가르치고 있는데, 이런 변화가 확연히 느껴집니다. 점점 더 많은 여학생들이 단순한 알바인 줄 알고 간 음식점이나 악기 연주 업장 같은 곳에서 성적 서비스를 요구받은 경험에 관해 얘기합니다. 앞서 얘기한 연극영화과나 방송연예과 친구들의 경우 '애인이 돼주면 얼마 주겠다.'라는 메일이나 쪽지를 안 받아본 친구가 드물 정도입니다. 이런 상황에서 성매매 여성에 대한 소위 '보통 여성들'의 태도나 느낌도 많이 달라졌습니다. 성매매는 점점 더 젊은 시절 한때 해볼 수도 있는 일로 그려집니다. 때로는 성매매 여성에게 경쟁심을 느끼는 친구들도 있습니다. 예전에는 남자 친구가 성매매를 한 사실을 알았을 때 '어떻게 성매매를 할 수 있느냐?'며 도덕적으로 분개하는 게 일반적이었다면, 최근에 등장한 또 다른 태도는 '성매매 여성과 연애라도 하면 어떻게 하느냐?'는 비교와 경쟁심입니다. 그래서 저는 성매매와 연애를 연결해서 이해하는 시각이 더욱 필요하다고 봅니다. 잠재적 연인의 대시가 여전히 중요한 '일반 여성', 그리고 조건만남과 애인대행을 하는 '성매매 여성'들은 얼마만큼 다르고 또 얼마만큼 같은 상황에 놓여 있는 것인가? 이 질문을 보다 적극적으로 던질 필요가 있다는 겁니다.

이런 상황에서 남성들은 이제 더 이상 성을 자원화해서 거래하지 않는 여자는 없다며 혐오적이고 냉소적인 태도를 갖는데요, '보슬아치'나 '된장녀', '김치녀' 같은 용어가 바로 이런 태도를 보여줍니다. 이에 관해서는 다음 강의에서 살펴보도록 하겠습니다.

더 읽을거리

1 김고연주, 『길을 묻는 아이들: 원조교제와 청소녀』(책세상, 2004).

2 김고연주, 『조금 다른 아이들, 조금 다른 이야기』(이후, 2011).

3 김신현경, 「여대생의 연애 경험: 성·사랑·결혼의 정치학, 그 변화와 의미」, 변혜정 엮음, 『섹슈얼리티 강의, 두번째: 쾌락, 폭력, 재현의 정치학』(동녘, 2006).

4 레오뽈디나 뽀르뚜나띠, 『재생산의 비밀』(박종철출판사, 1997).

5 민가영, 『가출, 지금 거리에 '소녀'는 없다』(우리교육, 2003).

6 베스 베일리, 백준걸 옮김, 『데이트의 탄생: 자본주의적 연애제도』(앨피, 2015).

7 에바 일루즈, 박형신·권오헌 옮김, 『낭만적 유토피아 소비하기: 사랑과 자본주의의 문화적 모순』(이학사, 2014).

8 우시쿠보 메구미, 서라미 옮김, 『연애, 안 하는 게 아니라 못 하는 겁니다』(중앙북스, 2016).

9 조순경, 「합법을 가장한 위법의 논리: 농협의 사내부부 우선해고와 의도적 차별」, 조순경 엮음, 『노동과 페미니즘』(이화여대 출판부, 2000).

4강

도시, 여성, 일

2000년대 '차가운 친밀성'의 도시를
배경으로 한 칙릿 유행

정이현, 『달콤한 나의 도시』(2006)
영화 「미녀는 괴로워」(2006)

「브리짓 존스의 일기」, 「섹스 앤 더 시티」, 그리고 포스트페미니즘

　　오늘은 '도시, 여성, 일'이라는 키워드로 2000년 대 이후 사랑/연애의 한 단면을 살펴보려고 합니다. 앞서 두 번째 시간에 1990년대에 대한 회고 서사가 개인이 되지 못한 남녀의 결합과 그 결합을 통한 가족주의의 강화라는 특성을 띤다는 점을 살펴봤습니다. 세 번째 시간에 나눈 이야기들은 '2010년대에 1990년대를 그렇게 회고하는 이유는 무엇일까?', '우리는 2000년대를 어떻게 지나온 것일까?'라는 질문에 대한 첫 대답이라고 할 수 있습니다. 이 질문에 답하기 위해 1990년대 말에서 2000년대 초에 등장한 '원조교제'라는 현상, 그리고 이를 재현한 영화들을 통해 연애가 노골적인 성거래로서 그 의미를 획득하게 되는 과정에 주목했습니다. 성매매가 연애의 형식을 띠면서 그 경계가 희미해지는 상황이라고 볼 수도 있겠고요. 2000년대 중반 이후 등장한 '된장녀' 같은 여성혐오 명명은 이런 상황을 배경으로 등장했다고 말씀드렸습니다. 오늘은 바로 이 시기, 2000년대 중반의 상황에 주목하려고 합니다. 함께 볼 텍스트로 2006년에 출판된 소설 『달콤한 나의 도시』와 같은 해 개봉한 영화 「미녀는 괴로워」라는 영화를 골랐습니다. 『달콤한 나의 도시』는 2008년 드라마로 만들어지기도 했지요.

이 텍스트들은 모두 칙릿(chick lit) 장르로 분류되는데요, 칙릿이란 젊은 여성을 뜻하는 속어 chick과 문학을 뜻하는 literature의 합성어로, 그 주된 관심과 감수성의 핵심 요소는 전문직에 종사하고 경제력을 갖춘 20~30대 안팎의 미혼 여성, 그녀들의 연애, 결혼, 성, 일 그리고 소비입니다. 또 칙릿은 소설, 영화, 드라마 등 다양한 미디어 변주를 통해 원 소스 멀티 유즈 방식으로 대규모로 유통되는 특징을 띱니다. 흔히 현대 칙릿의 기원으로 1996년 영국에서 출판된 『브리짓 존스의 일기』와 같은 해 미국에서 출판된 『섹스 앤 더 시티』를 꼽습니다. 이 소설들은 출판 이후 대중의 호응을 바탕으로 영화와 드라마로 제작되었고, 전 세계적인 인기를 얻었습니다. 한국에서는 2000년대 초 수입되어 큰 반향을 일으키죠. 지난 시간에 말씀드렸듯 저는 2000년대 초에 대학생들의 연애 경험을 연구했는데, 특히 여자 대학생들이 인터뷰에서 이 드라마와 영화에 대해 많이 이야기한 기억이 납니다. 이 텍스트들을 자신의 연애 경험과 성적 욕망을 설명하고 승인하는 언어로 가져왔는데, 특히 섹슈얼리티와 관련해서 그랬죠. 결혼 전에 연애는 할 수 있지만 '몸은 지켜야 한다.'고 가르치는 부모와 학교의 언어와 비교해볼 때 훨씬 더 자신들의 욕망을 잘 설명하고 승인하는 텍스트들이었으니까요.

소위 한국형 칙릿들도 1, 2년 간격을 두고 쏟아져 나오기 시작합니다. 2000년대 초반 시트콤 「세 친구」, 「연인들」, 영화 「싱글즈」, 드라마 「옥탑방 고양이」, 「내 이름은 김삼순」, 「여우야 뭐하니」 같은 미디어 콘텐츠가 바로 그것들이죠. 출판업계는 약간 늦은 2000년대 중반부터 칙릿 서사에 눈을 돌리기 시작합니다. 다름 아닌 '한국 소설 시장의 위기'라는 진단 속에서 창비, 문학과지성사, 문학동네 같은 대표적인 문학 출판사들이 칙릿 서사를 앞 다투어 출판하기 시작한 거죠. 정수현의 『압구정 다이어리』(2008), 백영옥의 『스타일』(2008),

2000년대 중반 이후 출판된 한국의 칙릿들.

『다이어트의 여왕』(2009) 같은 작품들이 이 시기에 출판된 칙릿 서사입니다. 백영옥의 『스타일』은 세계문학상을 수상하기도 했지요. 그래서 한 국문학자는 이 당시 칙릿 시장을 "돌파구를 찾아야 하는 상황에 직면한 출판계가 발견한 니치"*라고까지 표현합니다.

　　　서구 페미니스트 학자들은 칙릿 서사가 페미니즘적 메시지를 차용하지만, 이 차용은 페미니즘이 훼손되는 방식으

●　김예림, 「문화번역 장소로서의 칙릿: 노동과 소비 혹은 현실과 판타지의 역학」, 《언론과 사회》 제17권 4호(2009), 48~77쪽.

로만 사용된다고 분석합니다. 예컨대 대표적인 논자인 앤절라 맥로비(Angela McRobbie)는 『브리짓 존스의 일기』를 두고 '전통적인 공동체를 떠나 도시에서 일하며 자신의 생계를 꾸려 나가는 전문직 여성인 브리짓 존스가 왜 그렇게 남편 찾기에 골몰할까?'라는 질문을 던지지요. 브리짓 존스가 가장 두려워 하는 것은 '독신녀'로 생을 마감하는 것입니다. 맥로비는 칙 릿 서사들이 페미니즘 이후 가능해진 서구 여성의 삶, 예컨대 성적 자유, 클럽에서의 음주와 흡연 등 도시에서의 쾌락, 경제적 독립의 권리를 추구하지만 규범적 이성애의 틀과 그 틀 내에서 기대되는 여성성을 그대로 유지할 뿐 아니라 오히려 강화하고 있다고 비판합니다.

　　이런 비판적 의미에서 '포스트페미니즘'이라는 개념을 사용하는데요, 보다 쉽게 이해할 수 있는 이미지를 하나 보지요. 이 이미지는 영국에서 1990년대에 인기 있었던 원더브라 광고입니다. 예전 브래지어 광고의 여성 모델은 먼 곳을 바라보거나 사진 바깥을 바라봄으로써 자신의 몸을 시선의 대상으로 위치시켰고, 이에 대한 페미니스트 분석은 시선의 주체로서의 남성, 물화된 대상으로서의 여성이라는 명백한 젠더 권력 관계에 초점을 맞추었습니다. 그런데 광고가 그런 페미

포스트페미니즘의 흐름을 잘 보여주는 1990년대 원더브라 광고.

니즘 분석을 모두 참조하면서 '이거 봐, 이제 여자 스스로 자신의 몸을 바라보고 있잖아? 이제 여성은 시선의 대상이자 주체야.'라는 메시지를 전달함으로써 기존의 페미니즘 분석을 낡은 것, 이제는 필요 없는 것으로 치부하는 효과를 낳는다는 겁니다. 서구 페미니스트들은 이런 시각을 일컬어 '포스트페미니즘'이라고 명명합니다. 페미니즘과의 연관 속에서 페미니즘 이후를 보여주되, 기존의 페미니즘을 청산해야 할 역사로 만들어버리는 정치라는 거죠. 그렇다면 왜 1990년대 서구

이토록 두려운 사랑

에서는 젊은 여성들이 포스트페미니즘적 시각과 서사에 열광했을까요?

우선 이런 시각과 서사는 소비주의가 페미니즘을 소화한 결과입니다. 앞서 언급한 적이 있습니다만 1990년대는 소비에트 연방을 비롯한 구 공산권의 몰락으로 전 세계적으로 자본주의와 소비주의의 승리가 선언된 시기였습니다. 소비주의 시대의 여성들에게 정치와 운동으로서의 페미니즘은 너무 거칠고 '올드'해 보이기에 별 매력이 없지요. 또 이 여성들은 정치와 운동으로서의 페미니즘 이후 세대입니다. 그러니까 페미니즘이 이전 세대의 유산같이 느껴진 측면도 있었을 겁니다. 마지막으로, 무엇보다 페미니즘은 여성들을 변화시켰지만 남성들은 별로 변화시키지 못했습니다. 포스트페미니즘은 남성에게 매력적인 성애의 대상이고 싶은 이성애자 여성들의 욕망을 반영하는 측면이 있습니다. 칙릿을 중심으로 한 포스트페미니즘 서사에서 "몸-소유로서의 여성성, 여성 대상화에서 여성 주체화로의 변동, 자기 감시와 훈육에 대한 강조, 개인주의 · 선택 · 임파워먼트에 대한 강조, 외모를 바꾸면 인생을 바꿀 수 있다는 메이크오버 패러다임의 지배, 페미니즘과 안티 페미니즘의 결합, 자연적인 성차에 대한 사고의 재등

장, 문화의 성애화, 소비주의의 강조, 차이의 상품화"[•]가 두드
러지게 등장하는 것도 포스트페미니즘을 추동한 시대적, 여성
주체적 맥락과 관련이 있습니다.

'된장녀', 그리고 여성의 소비와 노동

그렇다면 한국의 칙릿 서사는 어떨까요? 표면적으
로는 비슷합니다. 『달콤한 나의 도시』와 「미녀는 괴로워」에서
도 개인주의, 임파워먼트, 주체화의 시각, 메이크오버 패러다
임 등을 살필 수 있습니다. 페미니즘을 재미없고 낡은 것으로
치부하는 시각도 드러납니다. 『달콤한 나의 도시』에서 시댁이
집을 해주는 조건으로 결혼하려는 재인에게 유희가 하는 말
인 "부모 간섭은 싫으면서 경제적으로 의존하는 걸 당연하게
생각하는 자세, 너무 이율배반적이잖아."를 "꼭 대학 교양과
목 '여성과 한국사회'의 시간강사 같았다."(97쪽)와 같이 표현
하는 것이 그렇죠. 그렇지만 차이도 있습니다. 그건 무엇보다

- Rosalind Gill, *Gender and the Media*(Polity, 2007), pp.254~270.

일과 관련한 여성들의 상황이 훨씬 열악하다는 데 있어요.

　　「브리짓 존스의 일기」 시리즈에서 브리짓은 출판사 홍보팀 직원이었다가 케이블 TV 기자로 이직하고 이후에는 경력을 살려 프로듀서로 승승장구합니다. 한국 여성들, 아니 전 세계 도시 여성들에게 일, 사랑, 소비에 관한 하나의 이정표를 제시한 「섹스 앤 더 시티」의 주인공들은 변호사, 홍보회사 CEO, 큐레이터, 칼럼니스트였죠. 즉 고위 전문직종 여성들의 사랑과 연애, 섹슈얼리티의 모험, 소비, 이것이 서구 칙릿 서사의 가장 큰 특징이라고 할 수 있습니다. 물론 서구 칙릿 서사 또한 현실을 충실히 반영한다기보다 욕망과 판타지를 그리고 있다는 지적이 있습니다만, 어쨌든 보통 여성들이 이런 직업의 잘 나가는 여성들에게 위화감 없이 감정이입할 수 있을 정도의 노동 세계를 반영했다고 볼 때, 한국에서 생산된 칙릿 서사 여성들의 직업은 인상적입니다.『달콤한 나의 도시』의 은수는 작은 편집 대행사에 종사하는 평범한 사무직 종사자입니다. 잘 나간다고 하는 친구 재인이 규모가 좀 큰 회사 CEO의 비서인 정도입니다. 동명의 드라마에서는 이들의 일상이 좀 더 화사하게 그려집니다만, 서구 칙릿과 비교하면 소박하지요. 은수는 자신의 직업을 "미래를 걸 만한 딱 부러진 꿈을 가진 것도 아닌"(204쪽)이라고 표현합니다. 이 작품은 일종의 "문화번역으로서의 칙릿"•이 한국 여성의 현실을 어떻게 반영하는지를 자의식적으로 드러냅니다. 다음 문장들을 함께 볼까요?

지구에는 모두 몇 개의 도시가 있을까? 나는 상상한다.

• 김예림, 앞의 글, 59~70쪽.

이토록 두려운 사랑

1975년 5월 25일 오후 두 시, 대한민국 수도 서울 한 귀퉁이의 작은 산부인과가 아닌 전혀 다른 곳에서 태어난 나를. 스톡홀름, 상파울루, 뉴욕, 에든버러, 프라하, 이스탄불, 베를린, 로마, 암스테르담, 콸라룸푸르, 마드리드, 토론토, 부에노스아이레스……. '그녀'들은 어떤 모습으로 살고 있을까. [……] 학교 다닐 때 화학과 체육을 지지리 못했다거나, 우울한 날엔 뜨겁고 단 커피를 한 잔 마시면 좀 나아진다거나, 브래드 피트가 전 세계에서 제일 섹시한 남자라고 생각하는 취향도 엇비슷할 것 같다. 그렇지만 이국의 도시에서 나고 자란 그녀가 설마 서울 구석의 오은수 씨만큼이나 별 볼 일 없는 삶을 살고 있지는 않겠지? 그것만은 도저히 용납할 수 없다는 심정이다. 나를 닮은, 어쩌면 나였을지도 모르는 이름 모를 그녀는 적어도 내가 매일 맞닥뜨리는 이 지긋지긋하고 구질구질한 일상보다 수십 배는 더 달콤한 생을 구가하고 있어야 한다. 당연하지 않은가! 그런 하릴없는 환상조차 품어보지 못한다면, 사는 게 너무 팍팍하고 목구멍이 답답해서 꿱 죽어버릴지도 모른다.(49~50쪽)

드라마나 영화 속에 나오는 싱글 여성들의 보금자리와는, 대한민국 마포와 그리스 산토리니만큼이나 거리가 멀었다.(88쪽)

그리고 지구 저편이 아닌 여기 서울이라는 공간에서 벌어지는 이 여성들의 일상 묘사에서 빠질 수 없는 것이 바로 열악한 노동 현실입니다. 실제로 작품의 많은 부분을 차지하는 것은 이 평범한 사무직 종사자들이 직장에서 느끼는 불안과 취업난입니다. 연애와 실연 경험이 도드라지는 서사이긴 하지만, 이 또한 이들이 처한 노동 상황과 밀접한 관련을 맺습니다. 여기에는 당연히 이 시기 한국 여성노동의 현실이 반영되어 있습니다. 앞서 말씀드렸듯 한국에서 노동자로서의 여성이 공식적으로 기입된 것은 1987년 남녀고용평등법 제정 이후입니다. 1990년대 초반에는 과거의 근대적 성별분업 하에서 일차적으로 아내이자 어머니로 호명되었던 여성들에게 노동자로서의 사회참여를 통해 소위 '자아실현'을 하라고 독려하는 목소리가 무성했습니다. 그러나 몇 년 지나지 않은 1990년대 중반부터 불평등이 심화되고 IMF 경제위기가 찾아오면서 여성 노동력은 해고, 실업, 고용 불안정성의 1차 대상이 되

이토록 두려운 사랑

었습니다. 뒤이은 2000년대에는 상황이 더욱 나빠졌지요. 물론 고용 전반, 특히 청년 고용 전반이 어려워진 것과 관련이 있습니다만 청년 여성들은 동세대 남성들에 비해 더욱 불리한 환경에 놓이게 되었습니다. 첫 시간에 「청춘시대」를 다루면서 언급한 내용을 떠올려보시죠. 또 지난 시간에 이야기한 여성의 성거래 확대가 2000년대 초반부터 본격화된 것도 이런 상황을 방증합니다. 시기적으로 보면 한국형 칙릿은 2005년 무렵부터 등장해 큰 인기를 얻었고 2010년대 초반까지 많이 쓰였습니다. 국문학자 김예림은 이 시기가 소비자본주의적 일상, 고용의 불안, 실업의 공포가 완전히 정착한 이후라는 데 주목하면서 칙릿의 인물들은 이런 상황들이 복합적으로 중첩된 시대를 살아간다고 분석합니다. 그녀는 서구 칙릿에서 여성들의 소비가 권능으로 제시되는 것과 달리 한국 칙릿에서는 우울과 불안을 달래주는 위안으로 등장한다고 지적합니다. 예컨대 아래와 같은 문장이 '위안으로서의 소비'를 단적으로 보여줍니다.

회사 앞 큰길에 선다. 매일 다니던 길이 참으로 낯설다. 버스를 타고 명동의 백화점으로 간다. 평일 대낮의 백화점에 사람이 너무 많아서 어리둥절해진다. 평소 들어갈 엄두도 내지 못하던 티파니 매장으로 보무도 당당히 걸어 들어간다. 목걸이를 골라 든다. 하트 모양의 펜던트가 옆으로 기우뚱 쓰러져 있는 이 목걸이의 이름은 '오픈하트'다. 기울어진 하트가 내 목에 달랑달랑 매달려 있다.

레스토랑에 들어서자, 웨이트리스가 "몇 분이세요?"라고 물어왔다. "혼잔데요. 저 혼자예요." 나는 가만히 되뇌었다. 안심 스테이크가 포함된 디너 코스를 주문하고, 하우스와인도 한 잔 시켰다. 나를 위해 이 정도의 작은 선물은 해줄 수 있었다. 비통함을 가질 것도 없고 죄책감을 가질 것도 없다. 오랫동안 나는 온전한 내 힘으로 나를 벌어 먹였다. 그저 쉬고 싶었을 뿐이다. 그리고 마침내 쉴 수 있게 되었다. 모든 것은 내 자발적 의지의 산물이다. 와인은 향긋했고 스테이크의 육질은 보드라웠다. 나는 태연한 포즈로 고기를 꼭꼭 씹었다. 눈물 같은 것은 나지 않았다. 불행하지는 않다고, 간신히 생각했다.(292쪽)

'나에게 주는 선물'이라는 표현은 여성 대상 온라인 쇼핑몰에서 흔하게 쓰이는 말입니다. 일상에서도 이런 말을 쓰지요. 최근 맛집, 여행, 패션, 화장품, 마사지, 성형에 이르기까지 여성을 대상으로 한 소비산업은 이런 정서에 기반을 두고 확장일로를 걷고 있다고 해도 과언이 아닙니다. 그래서 이런 소비산업을 '그루밍 산업'이라고도 부릅니다.[*] 원래 그루밍은 고양이나 토끼 등 털이 있는 동물이 앞발과 혀로 자신의 몸 구석구석을 닦는 행위를 뜻합니다. 사람에게 쓰일 때는 몸의 일상적인 관리를 뜻하는데, 결국은 자기 안에서 순환을 끝내는 폐쇄적인 자아 위무의 의례라고 할 수 있습니다.

요약하자면 노동하는 여성들의 확장된 자아의식이 공공의 장에서 인권과 다양성의 증진으로 이어지기보다 소비하는 주체로만 재현된 겁니다. 이는 소위 '정상적'인 삶의 경로이자 좀 더 나은 경제적 삶을 가능하게 해주는 일종의 전략으로서 결혼의 의미를 더욱 강화합니다. 이런 상황이 지난 시간에 이야기한, 구혼 각본보다는 결혼과 분리되었지만 여전히 결혼과 관련된 섹슈얼리티의 의미를 염두에 두는 대시 각본을 지속하게 하는 주요한 이유입니다. 은수가 자신보다 한참 나이가 어리며 생계부양자로서 미래가 명확하지 않은 태오

---

[*] 우에노 치즈코·노부타 사요코, 정선철 옮김, 『결혼제국』(이매진, 2008), 57~66쪽.

4강 도시, 여성, 일

와 관계를 지속하기 어려워하는 것도 이 때문이라고 할 수 있어요. 그가 집안일, 즉 재생산노동을 곧잘 하는 부드러운 성품의 남자라는 것은 결혼을 염두에 두지 않는 연애 관계에서만 장점으로 작동합니다. 섹스에서 시작해 연애, 동거로 이어지는 태오와의 관계는 낭만적 사랑의 이데올로기가 깨어져나가는 상황을 보여주지만 결혼의 의미를 바꾸지는 못하지요. 이런 전개를 미드 「섹스 앤 더 시티」의 변호사 미란다가 자신보다 사회경제적 위치는 낮지만 집안일을 잘하는 남성과 아이를 함께 기르며 동거를 하다 결혼까지 이르는 것과 비교해보면 확연한 차이를 느끼실 수 있을 겁니다.

2000년대 중반 여성의 소비에 대한 혐오 명명인 '된장녀'가 등장하게 된 배경에 이런 상황이 있습니다. 확장된 자아의식과 그에 못 미치는 노동 현실 사이에서 갈등에 처한 자신을 표현할 수 있는 장이 오로지 소비산업뿐일 때, 남성 중심적 온라인 장은 몇몇 사항들을 여성 전체의 특징으로 환원하여 혐오적으로 재현합니다. 더구나 지난 시간에 이야기했듯 연애의 형식을 띤 성매매가 확산됨에 따라 어떤 남성들은 이제 '보통 여성'과 '성매매 여성'을 구분할 수 없으며, 연애나 성매매나 섹슈얼리티를 관계의 수단으로 삼는 것은 어차

이토록 두려운 사랑

2006년 한 언론 매체에 실린 '된장녀' 일러스트.

피 마찬가지라는 생각을 하게 됩니다. 『달콤한 나의 도시』에서 주인공 은수가 사는 다세대 주택에 유흥업소에서 일하는 여성이 이웃으로 함께 살고 있는 상황은 시사적이지요. 이런 면에서 섹슈얼리티와 관련한 여성혐오적 명명이 '걸레'나 '창녀'에서 '된장녀'와 '보슬아치', '김치녀'로 변화한 데 주목할 필요가 있습니다. '걸레'나 '창녀'는 한 명의 남성에게 자신의 섹슈얼리티를 귀속시키지 않는 여성에 대한 도덕적 비난입니다. 이런 도덕적 비난을 할 수 있는 남성은 여성에 비해 우위에 있습니다. 반면 '된장녀'와 '보슬아치'는 자신의 섹슈얼리티를 자원화하는 여성에 대한 질시와 비난을 드러냅니다. 여기서 남성은 여성에게 있는 섹슈얼리티라는 자원을 갖지 못했고, 여성을 일종의 경쟁자로 인식합니다. 이때까지만 하더라도 '된장녀'와 '보슬아치'가 아닌 '개념녀'가 있었어요. 남성들 입장에서 '개념녀'는 섹슈얼리티를 자원화하지 않는 여성들입니다. 그렇지만 '김치녀'에 이르러서는 모든 한국 여성이 섹슈얼리티를 무기화한 이들이 됩니다. 그러니 '개념녀'라는 범주는 자연히 사라집니다. 남성들이 이렇게까지 피해의식을 갖게 된 이유는 무엇일까요? 이후 또 자세히 이야기할 기회가 있겠습니다만, 여기서는 첫 번째 시간에 언급한 남성들

이토록 두려운 사랑

간의 격차 심화를 연결 지어 생각해보면 좋겠습니다. 한마디로 이제 더 이상 '남자'인 것만으로는 여자들보다 우위일 수도 없고, 최소한 한 명의 여자를 차지할 수 있으리라고 기대할 수도 없는 시대가 도래한 겁니다. 『달콤한 나의 도시』의 남성 인물들, 김영수와 윤태오의 차이를 생각해보세요. 이 텍스트는 샐러리맨 김영수와 영화업에 몸담고 있는 윤태오의 '차이'가 곧 경제적 자원의 '격차'로 환원되는 시대의 흐름을 포착하고 있습니다.

그렇지만 일만큼이나 결혼도 전략대로 되어주지 않습니다. 실컷 자원을 따져 결혼한 재인이 결국 얼마 되지 않아 이혼하는 것이나, '김영수'라는 이름의 표준적인 남자와 결혼해보려고 한 은수가 결국 직면하는 현실이 그가 실은 김영수가 아니라 김영수의 이름을 빌려 산, 예전에 실수로 사람을 죽인 적이 있는 범죄자라는 설정이 그렇습니다. 소설을 원작으로 삼아 만들어진 2008년 방영 드라마는 김영수가 자신의 진짜 이름을 드러내고 나타나 은수와 연결될 가능성이 있는 것으로 봉합합니다만. 여기에는 여섯 번째 강의에서 다룰 남성들을 둘러싼 현실이 언뜻 암시됩니다. 아무튼 이 시대는, 영화 「미녀는 괴로워」의 등장인물도 그렇지만, 자신의 이름으로 살 수 없는 유령과 같은 존재들을 양산하는 시대입니다.

그나마 이 작품에서 가능성으로 제시하는 것은 친구들과의 우정과 연대입니다. 회사 일을 제쳐두고 다만 며칠만이라도 함께 떠날 수 있는 여자 친구들, 말 한마디에 노트북을 퀵서비스로 배달해주고 적당한 사람이 없으면 중년 이후 함께 살자고 말해주는 남자 사람 친구 등 도시가족을 통해 그래도 아무 맛 없는 서울에서 하루하루를 버틸 수 있다고 소설과 드라마는 말합니다. 하지만 「미녀는 괴로워」는 이런 우정과 연대마저도 서로에 대한 열등감과 경쟁심으로 붕괴된 상황을 그리고 있습니다.

'여성'으로서의 인정과 '사람'으로서의 삶

2006년 개봉한 영화 「미녀는 괴로워」는 1997년에서 1999년 사이에 연재된 동명의 일본 만화를 원작으로 한 작품입니다. 2000년대 이후에는 여성을 주인공으로 내세워 흥행에 성공한 영화가 손에 꼽을 정도인데, 「미녀는 괴로워」는 흥행과 화제를 동시에 몰고 온 작품입니다. 젊은 여성들의 감수

영화 「미녀는 괴로워」 포스터.
메이크오버 서사가 보여주는
'여성은 어떻게 사람으로
인정받는가.'

성 어딘가를 건드린 지점이 있었다는 의미겠지요.

원작 만화는 원래 뚱뚱하고 못생겼던 주인공이 날씬하고 예뻐진 후 달라진 사람들의 반응과 일상에 제대로 적응하지 못하는 상황을 코믹하게 그려 인기를 모았습니다. 외모에 따라 다른 사회적 경험을 하는 현실을 묘사한 블랙코미디였지요. 영화는 소재와 설정은 가져오되, 중심 서사는 외모를 바꾸면 삶을 바꿀 수 있다는 메이크오버 서사로 탈바꿈합니다. 앞서 언급했듯 메이크오버는 칙릿의 단골 소재입니다.『달콤한 나의 도시』도 은수의 친구 유희가 여러 번의 성형 수술을 통해 뮤지컬 가수로서 새로운 인생을 시작해보려는 이야기를 담고 있지요. 유희는 성공하지 못했던 데 반해(드라마에서는 성공하는 것으로 그려집니다.)「미녀는 괴로워」의 강한나는 이에 성공합니다. 이런 면에서 이 영화는 당시 칙릿과 함께 인기를 모았던 자기계발서, 특히 여성용 자기계발서의 메시지를 포함하고 있습니다. 여기서 잠시 한국에서 자기계발서의 궤적을 짚어볼까요.

　　　　1980년대부터 급격하게 늘어난 자기계발서들은 1990년대 이후 지속적으로 베스트셀러 목록의 상당 부분을 차지합니다. IMF 경제위기를 전후로 이런 종류의 책들은 서가 한 칸을 차지하는 데 그치지 않고 일종의 문화가 되었습니다. 자기계발서는 제도적인 구조조정의 흐름 속에서 평생고용이라는 개념이 사라지고 각종 불안정한 고용 계약이 일반화되던 당시에, 일하는 사람들로 하여금 이를 받아들이고 적극적으로 시장적 가치를 중심으로 행동할 수 있도록 하는 해석의 체계를 제공했습니다. 예컨대 '나는 나를 경영한다'든가

　　　　　　　　　　　　　　　이토록 두려운 사랑

2000년대 중반을 풍미한 여성 대상 자기계발서.

'1인 기업가' 같은 언어들이 당시 자기계발서의 대표적인 언어입니다. 이제는 너무 일반화되어 식상하게 느껴지는 표현들인데요, 사람들은 이제 더 이상 회사에 속해서 일하지 않는다는 겁니다. 이런 언어들은 단순히 새로운 표현이 아니라 사람들이 노동과 자아의 관계를 재조정함으로써 스스로를 언제 어디서든 일할 수 있는 사람으로 동원해내도록 하는 것을 목표로 합니다. 그런데 여성들에게는 회사에 의탁하지 않고 스

4강 도시, 여성, 일

스로 경쟁력을 키워야 한다는 자기계발의 일반적 메시지에 한 가지가 더 추가됩니다. 여성 독자를 대상으로 한 자기계발서의 제목을 보면 대번에 짐작할 수 있습니다. 예컨대 2000년대 초반에 많이 회자된 『남자처럼 일하고 여자처럼 승리하라』(2000), 2000년대 중반 여자 대학생들의 책장에 한 권씩 꽂혀 있었다던 『여자의 모든 인생은 20대에 결정된다』(2004), 유명한 여성 자기계발 전도사 김미경이 2007년에 출판해 2008년 베스트셀러가 된 『꿈이 있는 아내는 늙지 않는다』 같은 제목을 한번 생각해보시지요. 『성공한 사람들의 7가지 습관』이나 『아침형 인간』 같은 제목과 비교해보면 어떤가요? 이처럼 여성용 자기계발서는 바로 공적 노동자성과 충돌한다고 간주된 여성성의 특성들인 모성·섹슈얼리티·외모를 자원화하라는 명령, 그리고 그것을 가능하게 할 각종 전략들의 모음입니다. 가부장제 사회에서 여성의 몸과 외모는 언제나 자원으로 작동해왔습니다만, 공적인 노동의 장에서도 활용할 수 있는 스펙의 일종으로 본격 자리매김된 것은 이 시기부터라고 할 수 있습니다. 칙릿과 여성용 자기계발서는 서로가 서로를 참조하면서 이런 상황을 강화합니다. 외모에 한정해본다면, 외모가 일종의 자기계발 가능한 자원이 되면서 보상 기제뿐 아니라 처벌 기제도 발달합니다. 예쁜 여성에게 보상이 주어질 뿐 아니라 그렇지 않다고 간주되는 여성들에게 '자기계발도 하지 않는 게으른 여성'이라는 낙인이 찍힙니다. 이런 처벌의 언어도 섬세하고 미묘한 구조를 갖춰가는 거지요.

영화의 주인공 강한나는 '뚱뚱하고' '못생겼다'는 이유로 공적 노동의 장에 등장하지 못합니다. 자신의 존재를 숨겨야만 일을 할 수 있어요. 예쁘지만 노래는 못하는 가수의 목소리 대역과 폰섹스 일이 그녀가 하는 일입니다. 벌이라도 괜찮으면 모르겠지만 누군가를 대신해서 하는 일은 그만큼 가치도 낮게 평가됩니다. 사실 그 일들은 누구를 '대신하는' 일이 아닌데도 말이죠. 게다가 강한나는 치매에 걸린 아버지를 부양해야 하는 생계부양자라 투잡을 뛸 수밖에 없습니다. 더구나 그녀는 아버지를 부양하는 것도 모자라 죽은 어머니를 대신해 감정노동, 성노동까지 하는 것으로 그려지지요. 그러니까 그녀는 있어도 없는, 유령 같은 존재라고 할 수 있습니다. 결국 그녀가 '사람'으로 인정받는 것은 공적 공간에서의 노동을 통해서가 아니라 성형을 통한 아름다운 여성으로서의 재탄생을 통해 가능해집니다. 이를 보여주는 장면을 잠시 함께 살펴보겠습니다.

한나는 음반 프로듀서 한상준을 짝사랑하고 있습니다. 유일하게 자신을 인정해준 사람이라고 믿기 때문이지요. 한상준은 한나가 대신해서 노래를 부르는 가수 아미의 음반 프로듀서입니다. 그러나 그가 한나를 인정한 이유는 한나의 목소리 덕에 외모는 뛰어나지만 노래를 잘 못하는 아미가 스타가 될 수 있었기 때문입니다. 상준은 한나가 얼굴을 드러내지 않고, 제값을 받지 않고 계속 무대 뒤에서 노래를 부르기를 원합니다. 이런 그의 속마음을 알게 된 한나는 자살을 시도했다가 수포로 돌아가자 성형수술을 하기로 결심합니다. 그녀는 '수술하다가 죽을 수도 있다.'고 말하는 의사에게 "전 어제 이미 죽었어요……. 전 이제 선생님한테 달렸어요. 이렇게 죽이시든지, 살려내시든지."라고 말합니다.

그러니까 성형은 진정, 죽었다가 다시 살아나는 일인 것이죠. 흥미로운 점은 강한나가 자살을 결심하는 이유입니다. 그녀는 유령과 같은 자신의 삶을 그래도 사람의 삶으로 인정한다고 믿었던 프로듀서가 실은 돈을 벌기 위해 자신을 이용할 뿐이라는 사실을 알고 죽음을 결심합니다. 그의 인정에 대한 믿음은 그를 향한 사랑의 감정과 등치됩니다. 이처럼 남성 중심 사회에서 여성에게 '사람'으로 인정받는다는 것은 남성에게 성애의 대상이 되는 것과 분리되지 않습니다. '성애적 욕망의 대상이 되는 것과 사회적 구성원으로 인정받는 것이 겹쳐지는 것은 남성에게도 일어나는 일 아닌가?'라고 질문할 수도 있겠습니다만, 일반적으로 남성에게는 이 순서가 반대입니다. 남성의 경우 사회적 구성원으로 인정받으면 성애적 욕망의 대상이 되는 것이 그리 어렵지 않은 반면, 여성의 경우에는 꼭 그렇지는 않지요.

강한나는 성형을 통해 아름다워진 '제니'로 돌아와서 그녀의 고백대로 "노래도 하고 사랑도 해보는" 삶을 살게 됩니다. 자신의 이름을 숨기지 않고 하는 일이 제대로 인정받고, 성애의 대상으로 행복한 기분도 맛보며 '사람다운 삶'을 사는 것이죠.

그런데 흥미롭게도 영화는 여기에서 하나의 질문을 던집니다. 수술 전의 강한나와 수술 후 제니가 같은 사람인가 하는 질문이죠. 원래의 강한나를 알고 있었던 사람들 대부분은 제니가 되어 나타난 그녀에게서 강한나라는 존재를 알아보지 못합니다. 알아차리지 못한 이들은 그들이건만, 제니가 강한나임을 들키자 비난은 그녀에게로 돌아갑니다. '거짓말을 했다.'는 것이죠. 영화의 대사에 의하면 성형은 거짓말이고, 성형한 여자는 사람이 아니라 괴물입니다. '아름다운 여성'이라야 '사람'으로 인정하는 이들은 타인인데, 그 인정을 위해 노력한 여성은 다시 사람이 아니라 괴물이 되는 구조인 겁니다. 이 구조에서 제니는 강한나로서 살면서 겪었던 상황을 지금 제니가 된 서사로 통합함으로써만 다시 사람이 될 수 있습니다. 그리고 이것이야말로 메이크오버 서사의 핵심이라고 할 수 있습니다. 영화의 후반부 콘서트 장면이 이를 잘 보여줍니다. 그녀는 콘서트에서 자신이 뚱뚱하고 못생겼던 강한나였음을 고백하고, 제니가 된 후 모른 척했던 치매 걸린 아버지를 끌어안으면서 세상에 다시 받아들여집니다. 이 장면에서 제니는 다시 강한나가 된 것 같지만, 사실 이 강한나는 예전의 강한나와 동일한 인물이 아닙니다. 예전의 강한나라면 가수로서 성공할 수도 없고, 여성으로서 성애적 욕망의 대상이 되지도 못합니다. 이를 두고 한 영화평론가는 이 영화가 강한나가 '강한 나'가 되는 이야기라고 재치 있게 논평하기도 했습니다.[●] 그러니까 메이크오버 서사, 보다 폭넓게 자기계발 서사

[●] 권은선, 「신자유주의 문화 논리와 여성의 정체성: 「미녀는 괴로워」, 「써니」, 「댄싱 퀸」을 중심으로」, 《영상예술연구》 제21권(2012), 77~97쪽.

에서 실패의 경험은 성공한 이후 그 성공과 관련될 때만 의미를 갖습니다. 사실 어떤 경험을 '실패'로 규정하는 것부터가 성공과의 관련 속에서만 모든 경험이 의미가 있음을 뜻하지요.

여기에서 최근 보통 사람들에게 요구되고 강제되는 시대정신을 읽을 수 있습니다. 예컨대 대학생들이 취직을 위해 그토록 연습한다는 자기소개서의 서사 형식은 어떻습니까? 자신의 모든 경험을 해당 회사 취직 성공을 위해 필요했던 경험으로 가공해낼 수 있어야 하지요. 이 영화는 이처럼 자기 이야기마저 상품화해야 간신히 세상에 받아들여질 수 있는 시대의 도래를 보여줍니다.

결국 강한나는 제니로서 성공한 '강한 나'로 귀환해 처음 태어나게 해준 생물학적 아버지, 성형을 통해 다시 태어나게 해준, 일종의 사회적 아버지인 성형외과 의사, 그리고 드디어 자신을 제니/강한나로 욕망하는 프로듀서와의 화해와 그들의 인정을 통해 온전히 사회의 한 구성원으로 편입됩니다. 변화하는 듯 보이는 사회에서 어떻게 남성 중심 질서가 유지되는가를 보여주는, 좀 섬뜩한 이야기입니다.

여성들 사이의 관계는 어떤가요? 그녀가 강한나 시절 목소리를 대신했던 가수 아미는 그녀의 재능을 질투하고 마침내 외모까지 질투해 강한나의 가면을 벗기지만, 그래서 결국 경쟁의 장에서 탈락합니다. 이제는 타고난 외모만으로는 충분한 스펙이 되지 않는 거예요. 타고났든 고쳤든, 뛰어난 외모에 더해 그 외모를 자기 관리라는 서사로 만들어내는 능력까지 요구되는 겁니다. 게다가 도시가족으로 맘 붙이고 한 공간에서 살았던 여자 친구는 제니가 된 강한나에게 '성형괴물'이라는 말을 내뱉을 정도로 콤플렉스에 시달리는 인물로 나옵니다. 자신보다 뚱뚱했던 한나가 전신 성형을 통해 날씬하고 아름다워져서 일과 사랑을 모두 쟁취하는 듯 보이자 예전 시절을 상기시키며 잔인하게 굴지요. 결국 그녀도 영화 말미에 전신 성형을 시도합니다. 이는 외모가 하나의 스펙이 된 사회, 그러니 너도 관리하고 계발하면 보상을 받으리라고 명령하는 사회는 사실 그런 시도를 하지 않는 사람을 한 명의 구성원으로 인정하지 않는 형벌을 내리는 사회라는 점을 보여줍니다. 이런 상황에서 여성들은 한정된 자원을 차지하기 위해 질투, 경쟁, 반목하는 관계밖에 맺지 못합니다. 그러나 '된장녀'라는 명명과 마찬가지로 비난의 화살은 성형하는 개인에게 돌아가지요. '성괴'라는 명명을 통해서 말이지요. 그리고 놀랍게도 이 모든 이야기는 2011년에서 2015년까지 방영된

이토록 두려운 사랑

성형 리얼리티 쇼 「렛미인」을 통해 실제 인물들의 현실로 우리 앞에 그 모습을 드러냈습니다.

　　연애도 자기계발에서 빼놓을 수 없는 부분입니다. 이제 연애는 소비의 장에서 주로 규정되는 프로젝트로서의 의미를 넘어 자기계발과 관련된 하나의 자원으로 취급되기 시작합니다. 2000년대 중반 이후 인기를 얻은 여성용 자기계발서에서 큰 비중을 차지하는 사이비 성차 심리학 책들, 예컨대 『화성에서 온 남자 금성에서 온 여자』 같은 책들이 바로 자기계발로서의 연애를 다루고 있습니다. 화해할 수 없는 성차를 지닌 남녀가 서로를 이해하는 계발을 통해서 자신에게 맞는 사람을 찾을 수 있다는 식의 서사가 바로 이에 해당합니다. 이 영화에서는 연애 그 자체가 자기계발의 장소로 떠오른 상황은 아니지만, 남성이 원하는 외모를 갖추는 방식으로 자신을 계발한 여성이 결국 연애의 대상이 될 수 있는 상황을 코미디의 형식을 빌려 적나라하게 드러냅니다. 이처럼 여성은 물화된 성적 대상이 되어야만 자율적인 욕망 추구가 가능하다는 메시지와 대중문화에서의 '나쁜 남자'의 형상이 변화하는 현상이 겹쳐지는데, 이에 대해서는 다음 강의에서 다루도록 하겠습니다.

질문과 토론

Q 이 영화에서 제니가 된 강한나가 예전 강한나
시절의 서사를 통합시켰다고는 하지만, 결국 예전으로
돌아가고 싶지는 않을 거라고 봅니다. 그렇게 되면
제니로서 누리는 모든 것을 잃게 되니까요. 그럼 강한나-
제니는 앞으로 어떻게 살아야 할까요? 요즘 대부분의
여성들이 그렇게 살아가는 것 같습니다. 화장을 할 때도
내가 하고 싶어서 하는 거라는 마음과 그렇게 하지
않으면 아무도 봐주지 않을 거라는 두 개의 마음이 같이
있습니다. 이 욕망이 진짜 나의 욕망인지, 아니면 남이
원하는 걸 나도 원하는 것인지 헷갈릴 때가 많이 있어요.
이런 측면에서는 페미니즘도 줄다리기를 하고 있는 것
같고요.

A 요즈음 여성의 삶과 페미니즘의 문제의식에 관해
핵심적인 지적을 해주셨어요. 사실 욕망이 순수하게
나의 내면적인 욕구에만 기인하는 경우는 거의
없습니다. 욕망에 관해 가장 유명한 말은 정신분석학자
라캉이 말한 "나는 타인의 욕망을 욕망한다."일
거예요. 그러니까 화장을 하고 싶고 다이어트를 하고

싶은 나의 욕망은, 남들이 그러한 나를 욕망하기를
내가 욕망한다는 뜻이라는 거지요. 일단 욕망이 그렇게
생겨난다는 것을 아는 것은 중요합니다.

그런데 최근 젊은 여성들의 외모 관리에 대한 압박이
도를 넘어서는 수준인 것은 분명합니다. 대학에서
강의를 하면서 수강생들에게 외모 관리 경험에
관한 쪽글을 받아보면 어떤 주제보다 구체적이고
흥미로우면서 처절합니다. 또 이제는 남성들도 외모
관리의 압박에서 자유롭지 않아서, 그런 경험이 있는
친구들의 흥미로운 글들을 많이 읽었습니다. 당장
책으로 내도 손색이 없을 정도예요. 이 경험들이
처절한 이유는 스스로를 관리하고 훈육하며 감시하는
실천들의 구체성, 그럼에도 매번 스스로를 배반하는
몸의 실체성, 그리하여 자신의 몸을 경멸하고 혐오하는
데 이르는 감정의 생생함 때문입니다.

페미니즘이 '내 몸은 나의 것'이라고 말했지만, 이 말이
아주 기이한 방식으로 실현된 경우라고나 할까요.
그래서 어떤 페미니스트들은 몸은 내가 분리하여
소유할 수 있는 대상이 아니라 나 자체라는 주장을

하기도 합니다. 이런 주장은 나이가 들고 병이 들면
실감할 수 있습니다. 몸이 그렇게 내 마음대로 쌩쌩하게
움직여주질 않거든요. 그래서 저는 외모 관리에 성공한
이야기가 아니라 외모 관리에서 우리가 실제로 무엇을
경험하는지에 관한 이야기가 더 유통되어야 한다고
봅니다. 제가 읽은 쪽글 같은 내용들이 사회적으로
더 알려지고, 이런 경험을 하는 친구들이 각자의
경험에만 갇히지 않을 수 있어야 합니다. 우리 자신의
욕망은 타인의 욕망을 욕망한 결과라는 것은 변하지
않을지라도, 이 과정 전반을 바깥에서 조망함으로써
조금은 자유로워질 수 있으리라고 기대합니다.
그리고 사실은 「미녀는 괴로워」가 너무 옛날 영화같이
보일 정도로 몸과 테크놀로지의 관계는 하루하루
변화하고 있습니다. 이제 누구도 성형 여부를 두고
가짜 자아와 진짜 자아를 논하지 않죠. 외모 관리
테크놀로지는 일상화, 대중화, 정상화되고 있습니다.
이제 인간은 문자 그대로 사이보그로 존재합니다.
두드러진 미용 성형뿐 아니라 예컨대 라식 수술이나
치아 관련 각종 신기술들도 외모 관리 테크놀로지로

편입된 지 오래지요. 이런 상황을 페미니즘은 어떻게 분석하고 판단할 것인가도 중요한 주제입니다. 예컨대 이런 질문들을 제기할 수 있겠지요. 왜 라식 수술은 여성에게 더 권유되는가? 남성에게도 권유된다면 그는 어떤 남성인가? 안경은 어떻게 젠더적 의미를 가지게 되었나? 눈 관련 테크놀로지, 지성, 젠더는 어떤 관련을 맺는가? 이처럼 테크놀로지의 이용은 언제나 젠더 정치를 동반할 수밖에 없습니다.

더 읽을거리

1 권은선, 「신자유주의 문화 논리와 여성의 정체성: 「미녀는 괴로워」, 「써니」, 「댄싱 퀸」을 중심으로」, 《영상예술연구》 제21권(2012).

2 김예림, 「문화번역 장소로서의 칙릿: 노동과 소비 혹은 현실과 판타지의 역학」, 《언론과 사회》 제17권 4호(2009).

3 엄혜진, 「여성의 자기계발, 소명의 고안과 여성성의 잔여화」, 《페미니즘 연구》 제16권 2호(2016).

4 우에노 치즈코·노부타 사요코, 정선철 옮김, 『결혼제국』(이매진, 2008).

5 Angela McRobbie, *The Aftermath of Feminism: Gender, Culture and Social Change*(London: SAGE, 2009).

6 Rosalind Gill, *Gender and the Media*(Polity, 2007).

5강

'나쁜 남자' 변천사

여성적 욕망의 대상으로서
'나쁜 남자'부터 '두려운 남자'까지

영화 「연애의 목적」(2005)
웹툰 「치즈 인 더 트랩」(2010~2017)

'나쁜 남자'의 시대?

오늘은 2000년대 중반 개봉한 영화 「연애의 목적」과 2010년 연재를 시작해 2017년 완결될 때까지 꾸준히 사랑받은 웹툰 「치즈 인 더 트랩」을 중심으로 여성에게 대중문화에서 '나쁜 남자'의 형상이 어떻게 변화해왔는지 다루어보려고 합니다. 단적으로 말해 '나쁜 남자'의 형상은 오늘날 한국에서 여성들이 이성애 관계에서 처한 자율적인 성적 욕망의 추구와 물화된 성적 대상화 간의 딜레마를 문화적으로 해결하려는 시도라고 봅니다.

혹시 「청춘시대」에서 강이나가 자신을 유혹하려고 한 고두원에게 했던 대사 기억하시나요? "넌 네가 나쁜 남자인 줄 알지? 넌 그냥 나쁜 새끼야." 어쩌나 속이 시원해지는 대사였는지요. 우리 강의에서도 다룬 김기덕의 「나쁜 남자」
는 계급 불만을 젠더 불만으로 치환해 폭력을 정당화한 영화
였지요. 강이나의 말을 빌리자면 '나쁜 새끼'를 '나쁜 남자'라
는, 위악을 가장한 용어로 정당화한 영화였습니다. 이를 오늘
날 여성이 처한 관계에서의 모순을 드러내는 용어로 변형하
여 차용한 대중문화의 상상력이 흥미롭습니다. 지난 시간에
살펴본 2000년대 중반의 여성 대상 자기계발서들이 이 점을
잘 드러내는데요, 한번 살펴봅시다.

나쁜 남자를 유혹하라

나쁜 남자에겐 특유의 향기가 있다. 이중, 삼중을 넘어 오
중, 육중 인격체이며 뱀의 민첩한 혓바닥과 늑대의 날카
로운 발톱, 하이에나의 차가운 심장과 사슴의 선한 눈망
울을 가졌다. 이렇게 완벽한 조건의 남자를 어떻게 사랑
하지 않을 수 있을까? 감미로운 말로 정신을 아득하게 만
들고, 때론 가슴을 쥐어뜯으며 밤새도록 울리는가 하면,
심장을 파먹을 듯 잔인했다가 속수무책으로 이끌리게 만
드는 나쁜 남자.

나쁜 남자는 어수룩하고 순진한 여자들에게 자주 꼬인다

이토록 두려운 사랑

고 생각하는 것은 여자들만의 착각. 오히려 '난 좀 잘난 사람이거든' 하는 똑똑녀나 이지적이고 지적인 고상녀에게 더 잘 엮인다. 왜? 정복하는 쾌감 때문이다. 그리고 자기만의 세계가 확고한 여자일수록 단숨에 무너진다는 것을 나쁜 남자들은 훤히 꿰고 있다. [……]

상황이 이러할진대 어찌 나쁜 남자를 멀리하기만 할 수 있겠는가. 역으로 때론 그들을 매혹할 수 있어야 하지 않겠냐는 말이다. 나쁜 남자를 매혹하라. 나쁜 남자가 제대로 사랑하면, 즉 임자를 만나면 불같이 타오른다. 숱한 여자들을 함락했다고 해서 당신까지 맥없이 무너란 법은 없다. 지레 겁먹지 말고 매력으로 똘똘 뭉친 그 나쁜 남자의 심장을 벌떡벌떡 뛰게 만들어 마침내 단단히 움켜쥐어 보라.•

그러니까 '나쁜 남자'란 무엇보다 여성이 "사랑하지 않을 수" 없으며 "속수무책으로 이끌리게 만드는", 즉 기꺼이 그의 성적 대상이 되고 싶은 남성입니다. 그러나 이제는 그런

• 안은영, 『여자 생활 백서』(해냄, 2006), 16~17쪽.

남성이 알아서 다가오리라고 기다려서는 안 되고, 여성이 주체적으로 그를 유혹해야 한다는 겁니다. 물론 자율적인 성적 욕망의 추구는 상대방에게 욕망의 대상이 되어야만 가능하기 때문에 그 자체로 모순적인 것은 아닙니다. 문제는 여성이 남성과의 관계에서 욕망의 대상이 된다는 것이 종종 인격체로서의 대상화가 아닌 '사물화'를 감내해야 하는 것으로 이해되고 있다는 겁니다. 왜 그럴까요?

여성의 성적 대상화가 성적 사물화와 별반 다르지 않도록 구성되어온 역사는 오래되었습니다. 예컨대 한국에서도 번역되어 널리 읽힌 영국의 미술비평가이자 작가 존 버거의 『다른 방식으로 보기』의 논의를 참조해봅시다. 그는 근대 서구 회화에서 보는 주체는 남성, 보이는 대상은 여성으로 설정되었다고 말합니다. 버거는 이 책에서 이렇게 쓰고 있습니다.

남자들은 행동하고 여자들은 자신들의 모습을 보여준다. 남자는 여자를 본다. 여자는 남자가 보는 그녀 자신을 관찰한다. […] 여자 자신 속의 감시자는 남성이다. 그리고 감시당하는 것은 여성이다. 그리하여 여자는 그녀 자신을 대상으로 바꿔 놓는다. 특히 시선의 대상으로.(56쪽)

이토록 두려운 사랑

그리하여 벌거벗음과 누드의 차이는 이렇게 설명되지요.

> 벌거벗은 몸이 된다는 것은 자기 자신이 된다는 것이다. 그러나 누드는, 벌거벗은 상태로 타인에게 보여진다 하더라도 그 모습 그대로, 벌거벗은 것으로 받아들여지지는 않는다는 뜻이다. [……] 벌거벗은 몸은 있는 그대로 스스로를 드러내는 것이지만, 누드는 타인에게 보여지기 위한 특별한 목적에서 전시되는 것이다.(64~65쪽)

존 버거가 분석하는 「비너스와 큐피드의 알레고리」를 봅시다. 이 그림은 16세기 중반, 지금의 이탈리아 피렌체에서 활동한 화가 브론치노(Agnolo Bronzino)의 작품입니다. 존 버거가 이 책을 쓴 1972년 당시만 하더라도 미술비평은 관념적인 어휘로 작품의 탁월함만을 강조하는 방식으로 행해졌습니다. 예컨대 이 작품에 대한 기존의 비평은 비너스와 큐피드의 키스가 상징하는 사랑의 쾌락, 그리고 괴로워하는 노파에게서 보이는 젊음을 질투하는 질시, 시간의 신이 상징하는 시간의 흐름 등을 중심으로 이뤄졌습니다. 버거는 이를 미술의

아뇰로 브론치노, 「비너스와 큐피드의 알레고리」.

'신비화'라고 부르면서, 해당 미술 작품이 제작된 맥락에서 질문을 던져야 한다고 제안합니다. 그는 이 작품이 피렌체의 대공작이 프랑스 왕에게 보내기 위해 주문 제작되었다는 사실에 주목합니다. 프랑스 왕에게 잘 보이기 위한 선물로서, 즉 프랑스 왕의 성적 욕망을 불러일으켜 그의 허세를 만족시키려는 의도에서 그려졌다는 것이지요. 서구의 시각예술은 이처럼 시선의 주체로서의 남성, 대상으로서의 여성이라는 논리에 입각하여 구성되었고, 이 구도는 현대 자본주의에서 더욱 강화되었다는 것이 버거의 진단입니다. 그러니까 대상으로서의 여성은 사물로서의 여성과 별반 다르지 않습니다. 특히 관음증적 시각 장치의 편재, 그리고 이를 통한 자본 순환과 축적을 꾀하는 현대 사회에서 안전한 육체란 없습니다.

그럼 이런 상황에서 여성들이 취할 수 있는 전략은 무엇일까요? 하나는 육체성 자체를 부정하는 길이 있겠지요. 최근 중, 고교 여학생들은 몸에는 아무런 이상이 없는데 무월경인 경우가 많다고 합니다. 너무 어릴 때부터 시선의 대상으로서 육체를 가꾸고 전시해야 한다는 압박에 시달리는 어린 여자 친구들이 이 압박을 해결하는 하나의 방식으로 생리를 멈춤으로써 여성적 육체성을 부정하는 것으로 해석해야 하지 않을까 생각합니다. 그리고 또 하나의 방식은 대상으로서의 육체성을 온전히 받아들이는 것이지요. 관음증에 대항하는 전략으로서의 노출증이라고 할 수 있는데요, 그런데 이 전략은 지난 시간 포스트페미니즘을 설명하면서도 언급했듯이 그 의미가 온전히 받아들여지기보다 자본 순환의 또 하나의 경로로 소비되기 십상입니다.

저는 이런 상황을 우회하는 한 가지 방식으로 '성적 대상화'로 번역된 sexual objectification의 의미를 새롭게 고민해보자고 제안하고 싶습니다. object에는 '대상'이라는 뜻도 있지만 '사물'이라는 뜻도 있습니다. 사실 자율적이고 주체적인 관계를 맺기 위해서 대상화를 피할 도리는 없습니다. 관계란 혼자 만들어나가는 것이 아니기 때문이지요. 이것이 바로 인정(recognition)의 딜레마입니다. 인정하는 주체가 되기 위해서는 먼저 인정받는 대상이 되어야 합니다. 성적 욕망의 주체가 되려면 대상이 될 수 있어야 합니다. 그러나 사물이 될 필요는 없으며 되어서도 안 됩니다. 사물은 욕망의 주체가 될 수는 없기 때문입니다. 그러니 sexual objectification을 '성적 대상화'가 아니라 '성적 사물화'라는 용어로 이해하는 것이 이 문제를 명확하게 할 수 있으리라고 생각합니다. 또 존 버거의 분석이나 포스트페미니즘 시대 육체의 전시를 '성적 대상화'가 아닌 '성적 사물화'에 대한 비판으로 다시금 자리매김할 수 있으리라고 봅니다.

그렇지만 어쨌든 한국 사회에서 이런 현상, 즉 성적 대상화가 성적 사물화와 동일한 것으로 이해되는 현상이 도드라지는 이유와 이를 둘러싼 갈등이 폭발 지경에 이른 현재에 관해서는 별도의 설명이 필요합니다.

「연애의 목적」,
성적 주체화와 성적 사물화 간의 딜레마

아마도 우리 강의의 전체 제목에서 감정사회학자 에바 일루즈의 영향을 떠올린 분들이 계실 텐데요, 이번 강의는 특히 일루즈가 쓴 『사랑은 왜 불안한가』를 참조하고자 합니다. 에바 일루즈와 그녀의 작업에 대해서는 세 번째 강의에서 다뤘지요. 『사랑은 왜 불안한가』는 전 세계적인 베스트셀러로 떠오른 로맨스 소설 『그레이의 50가지 그림자』(이하 『그레이』)를 중심으로 현대 여성들이 처한 자율적인 성적 욕망의 추구

전 세계적 베스트셀러가 된 로맨스 소설
『그레이의 50가지 그림자』.

와 구속적 관계에 대한 열망이라는 모순을 파헤치고 있습니다. 그녀는 조악한 로맨스물에 지나지 않는다고 여겨지는 『그레이』 시리즈를 분석하는 이유로, 한 시대의 베스트셀러는 사회 모순의 상징적 해결책을 제시하기 때문에 이를 들여다봐야 사람들의 구조화된 감정을 제대로 알 수 있다고 주장합니다. 그리고 이 시리즈에 담긴 것이 바로 후기자본주의 사회에서 현대 여성들이 겪는 자율성과 구속성 간의 모순에 대한 상

이토록 두려운 사랑

징적 해결책이라고 봅니다. 또『그레이』시리즈의 노골적인 성관계 묘사는 이런 모순을 자기계발적으로 해소할 수 있게 한다고 분석합니다.

흥미로운 분석이지요. 비슷한 감정의 모순은 한국 사회에서도 찾아볼 수 있습니다. 예컨대 지난 시간에 다룬『달콤한 나의 도시』의 은수 또한 성적 욕망의 추구와 결혼이라는 구속적 관계 사이에서 자기 갈등을 경험하는 인물입니다. 그렇지만 일루즈의 분석이 한국 상황에 언제나 맞춤하게 들어맞지는 않습니다. 섹슈얼리티와 관계에 대한 이런 자기 갈등은 성해방과 페미니즘 이후라는 맥락을 고려하지 않을 수 없기 때문입니다. 한국은 서구 사회가 1960~70년대에 지나온 사적 친밀성의 구조 변동을 경험한 적이 없습니다. 1990년대영 페미니즘과 성소수자 운동에서 이에 비견될 만한 문제제기를 했지만, 그것이 어떻게 좌절되었는지에 관해서는 두 번째 강의에서 다루었지요. 그래서 한국에서 섹슈얼리티를 둘러싼 갈등을 이해하려면 성적 자유주의와 후기자본주의라는 맥락뿐 아니라 성적 보수주의를 고려해야 합니다. 또 성적 보수주의는 결혼과 관련하여 여성에게 구속적으로 작용하는 성적 이중기준과 깊은 관련을 맺습니다. 이것이 서구의 '데이트 각본'과 다른 '대시 각본'을 낳았다는 분석도 앞서 얘기한 바 있습니다.

그래서 저는 한국에서 여성들이 겪는 모순과 자기 갈등은 성적 욕망의 자율성과 관계의 구속성 사이에 벌어지는 것이 아니라 성적 욕망의 자율성과 성적 사물화의 위험성 사이에서 벌어지고 있는 이유도 바로 여기에 있다고 봅니다. 영화 「연애의 목적」을 통해 좀 더 자세히 살펴보겠습니다.

이 영화는 2005년 개봉 당시에도 여러 가지 면에서 화제가 되었지만 지금 보면 더욱 논쟁적입니다. '직장 내 성희롱'의 표본과도 같은 사례가 등장하거든요. 그런데 「연애의 목적」이라니? 직장 내 성희롱을 정당화하는 옛날 영화쯤으로 치부되기 딱 좋은 거죠. 줄거리를 간단히 말씀드리면 스물일곱 살 여자 교생 최홍과 스물여섯 살 남자 교사 이유림이 노골적인 성적 플러팅을 거쳐 성관계를 갖고 이후 연애하는 관계로 발전하는데요, 문제는 두 사람 모두 남들 보기에 버젓한 결혼 상대가 있고, 일거수일투족이 입방아에 오르내리는 학교라는 공간에서 일한다는 데 있지요. 결국 두 사람의 관계는 학생들과 교사들에게 탄로 납니다. 교생과 교사, 여성과 남성이라는 이중의 권력관계의 얽힘 속에서 최홍이 '꽃뱀'으로 추락

이토록 두려운 사랑

논쟁적 영화 「연애의 목적」.

하려는 찰나에 그녀는 이유림을 '성추행범'으로 지목합니다. '꽃뱀 여자 교생'의 문제에서 '성추행범 남자 교사'의 문제가 되는 거지요.

　　그런데 이런 줄거리 요약이 불편하게 느껴질 수도 있을 만큼 이 영화가 재현하는 '노골적 성적 플러팅'은 '성추행'과 별반 구분되지 않습니다. 특히 지금 보면 더 그렇습니다. 첫 장면부터 "젖었어요?"라고 묻지를 않나, 둘이 술을 마실 때 조개를 집어먹는 여자에게 "조개를 참 좋아하나 봐요, 난 다른 조개 먹고 싶은데."라고 말하지를 않나, 기습적인 뽀뽀도 모자라서 "이러지 말아요, 정말. 이건 아니에요."라고 말하는 여자에게 삽입을 하지 않나, 성추행이 연애 관계로 발전하는 과정을 그린, 성추행 정당화 영화라고 해도 할 말이 없을 정도입니다.

그렇지만 저는 이 영화를 그렇게만 보기는 어렵다고 생각하는데요, 그 이유는 바로 마지막 장면 때문입니다. 이유림은 성추행 혐의로 교사를 그만두고 학원 선생이 되고, 이런 그를 찾아간 최홍은 사랑한다고, 책임을 지겠다고 말합니다. 그러니까 이유림이 성추행범으로서 죄과를 치른 후에야 비로소 둘의 관계는 새롭게 시작될 수 있는 것으로 그려지는 것이지요. 여기에서 저는 성적 보수주의와 남성 중심적인 성적 자유주의가 만연한 사회에서 성적 욕망을 추구하며 이성애 관계를 열망하는 여성들의 자기 갈등과 문화적 모순을 읽을 수 있다고 봅니다.

그렇다면 최홍은 이유림을 원래 어떻게 생각한 것일까요? 저는 그녀가 처음에는 그에게 성적으로 이끌렸고 이후에는 그를 사랑하게 되었다고 생각해요. 이유림이 꽃뱀으로

이토록 두려운 사랑

몰렸던 최홍의 과거를 이해하고 두 사람이 섹스를 하지 않고 함께 잠들었던 그 밤 이후에 말이죠. 이유림은 전형적인 '나쁜 남자'는 아니지만 이런 면에서 여성화한 '나쁜 남자'라는 용어의 의도를 반영하고 있는 인물입니다. 즉 여성의 성적 이끌림, 성적 욕망의 발현, 연애 관계로의 발전 욕구를 모두 보여주는 인물이지요.

그러나 성적 보수주의, 좀 더 정확하게 말하면 결혼을 중심으로 한 성적 이중기준이 강하게 작동하는 한국에서 여성이 남성에게 성적으로 끌렸다는 걸 명백하게 공표하는 건 여러 성적 위험에 자신을 노출시키는 결과를 가져옵니다. '밝히는 여자' 운운하는 평판의 하락부터 성추행과 성폭력, 그리고 몰카까지 다양한 성적 위험이 도사리고 있지요. 사실 이런 상황에서는 성적 보수주의나 성적 자유주의나 남성 중심적이긴 매한가지입니다. 성적 보수주의는 여성의 섹슈얼리티를 결혼한 남성이 소유하는 사물로 보는 것이고, 성적 자유주의는 어떤 남성이든 가질 수 있는 사물이라고 보는 거죠. 이 시대 여성들이 이성애 관계에서 갖는 불만은 자신을 사물이 아니라 인격체로 보는 남성이 극히 드물다는 데 있습니다.

이런 맥락에서 '내숭'은 성적 보수주의 사회에서 자

신을 지키고자 하는 여성들이 취하는 전략이라고 할 수 있습니다. 물론 어떤 여성들은 이를 통해 남성과 관계를 맺어 계급 상승을 꾀하기도 합니다. 그럼 남성들은 말할 것입니다. '내숭'과 여자들이 정말 불편해하는 것을 어떻게 구별해야 할지 모르겠다고 말이죠. 남성들의 혼란이 영 이해가 되지 않는 건 아닙니다. 그렇지만 이 혼란은 여성과 여성의 섹슈얼리티를 인격이 아닌 사물화한 남성 중심적 섹슈얼리티 제도와 문화가 만들어낸 것임을 이해할 필요가 있습니다. 인간을 인간 아닌 것으로 취급하니 부메랑을 맞는 것이지요. 그리고 이제는 정말, 남성들은 이 영화의 이유림같이 행동해서는 안 됩니다. 이 영화가 나온 지 10여 년이 훌쩍 넘었는데 그 사이 여성들은 이성애 연애, 욕망, 폭력 간의 관계에 대해 엄청난 학습을 했고 언어를 발전시켜왔습니다. 지금 젊은 여성들은 자신을 성적으로 사물화하는 남성과 내숭을 통해 관계를 진전시킬 수밖에 없었던 최홍과는 다릅니다. 무엇보다 여성들을 둘러싼 주위 상황이 달라졌어요. 이 영화에서는 학교가 한국 사회를 반영하는 성적으로 보수적이며 이중적인 장으로 등장하는데요, 이것이 더 이상 우리 사회의 일반적인 분위기라고 보기는 어렵습니다. 여성혐오에 반격하는 젊은 여성들의 언어를 보세요.

이토록 두려운 사랑

지난 시간에 본 것처럼 1990년대 이후 본격적인 자기계발 문화가 펼쳐지면서 2000년대 중반에 들어서서는 여성들의 외모 관리에 대한 사회적 명령이 더욱 강해졌지요. 결과적으로 이는 여성의 몸과 섹슈얼리티를 더욱 사물화했습니다. 이 영화는 여성이 이성애 관계에서 자신을 사물화할 수 있는 남성 권력을 박탈한 후 새로운 관계를 맺고자 하는 바람을 표현합니다. 여기서 '성추행'이라는 말은 여성을 '꽃뱀'으로 만드는 남성 권력의 이면을 폭로합니다. 현실에서는 아직도 이유림보다 더한 짓을 한 남자들도 성추행범이 되기 어렵습니다. 반면 여자들은 너무도 쉽게 꽃뱀이 되지요. 영화 속의 최홍처럼 말이지요.

「연애의 목적」이라는 제목도 이런 의미에서 해석할 수 있을 겁니다. 저는 이 영화를 보면서 처음에는 '연애의 목적은 섹스라는 거구나.' 생각하면서 보다가, '역시 그것만이 다는 아니구나, 상대에 대한 이해와 소통이 필요하다는 거구나.' 싶다가 마지막에 이르러서는 '평등한 관계란 마음만으로 맺을 수 있는 게 아니구나, 불평등한 현실의 변화를 위해 특정한 특권 박탈까지 감수해야 하는 거구나.' 싶었습니다.

「치즈 인 더 트랩」, '두려운 남자'를 내 남자로 만드는 법

흥미롭게도 「치즈 인 더 트랩」의 배경 또한 학교입니다. 「연애의 목적」이 한국 사회를 반영하는 장으로 고등학교를 등장시켰는데, 「치즈 인 더 트랩」은 대학교를 2010년대 이후 한국 사회의 축약판으로 제시하고 있습니다. 고등학교와 대학교라는 차이가 있긴 하지만 학교라는 장의 재현이 어떻게 변화했는지를 살펴보는 것도 흥미롭습니다. 이 웹툰에서 대학은 성적인 장이 아니라 경쟁의 장입니다. 이제까지 대학을 배경으로 한 청춘물이 대학생들의 풋풋한 사랑과 우정을 주로 그려냈던 것과는 완전히 다르지요. 등장인물들의 사랑과 우정은 이제 이 팍팍한 경쟁의 장에서 그 분위기에 의해 좌우되는, 도무지 알 수 없고 믿을 수 없는 것으로 그려집니다. 각자 어린 시절 겪은 애정과 인정 문제 혹은 사고로 인한 트라우마를 가지고 있으며 그것이 관계에서 갈등으로 발현된다는 점에서 첫 시간에 살펴본 드라마 「청춘시대」와도 일맥상통하는 점이 있습니다.

이 이야기는 팍팍하다 못해 날이 선 대학에서의 일

'로맨스 스릴러' 웹툰
「치즈 인 더 트랩」.

상을 보내던 홍설이 연예인 같은 외모와 완벽한 스펙을 가진 유정의 내면이 어딘가 비뚤어져 있다는 것을 꿰뚫어봄으로써 시작됩니다. 자신에게 다가오려는 후배를 교묘히 내치는 유정의 모습에서 홍설은 이질감과 불쾌감을 느끼고 그것을 표현합니다. 자신에게 무언가를 바라고서 다가오는 사람들을 어릴 때부터 상대해온 유정은 사람들의 감정을 읽고 자신이 원하는 대로 조종하는 데 능숙합니다. 유정은 설을 뒤에서 교묘하게 괴롭히지만, 그 과정에서 설에게 동질감을 느끼고 그 감정은 결국 애정으로 발전합니다. 이 웹툰을 두고 '로맨스 스릴러'라는 새로운 장르명이 대중화되기까지 했는데요, '로맨스'와 '스릴러'라는 서로 어울리지 않을 것 같은 두 단어의 조합이 '이 시대 사랑이란, 연애란, 로맨스란 어떤 것일까?'라는 질문을 던지게 합니다.

그렇지만 저는 이 이야기가 완전히 새로운 이야기는 아니라고 봅니다. 오히려 로맨스의 정석 같은 설정을 찾아볼 수 있어요. 예컨대 남자 주인공의 성격 때문에 로맨스가 스릴러적 성격을 띠는 것은 브론테 자매들의 『제인 에어』와 『폭풍의 언덕』을 연상시킵니다. 남자 주인공들의 괴팍한 성격은 어린 시절과 젊은 시절의 상처 때문입니다. 그들이 안고 살아온 상처를 꿰뚫어보는 인물은 물론 여자 주인공이고, 이런 이유로 이들은 사랑에 빠집니다. 유정도 마찬가지입니다. 그는 자신에게 애정을 주지 않은 부모, 강제로 가족이 된 백인호와 백인하의 존재, 그들에게만 주어진 아버지의 애정 탓에 비뚤어진 인간입니다. 겉으로야 부잣집이라는 배경에 잘생긴 외모, 뛰어난 학습 능력으로 학교 킹카의 자리를 놓친 적이 없지요. 홍설이 그의 비뚤어진 속내를 알아차리는 것은 그녀도 부모

이토록 두려운 사랑

와의 관계에서 문제를 겪었기 때문입니다. 부모에게서 버림받고 고아로 자란 제인 에어가 로체스터의 상처와 문제를 알아차리는 것과 비슷합니다. 또 재벌 후계자라는 지위에서 오는 물질적 풍요와 뛰어난 두뇌로 유정이 설에게 끊임없이 도움을 주는 모습은 소설 『키다리 아저씨』를 연상시키지요. 그러니 이 이야기의 인기는 베스트셀러의 영원한 진실, '낡은 술을 새 부대에 잘 담은' 덕분이라고 할 수 있겠습니다.

　　새 부대의 가장 큰 요소는 뭐니 뭐니 해도 한국의 대학이라는 배경입니다. 「치즈 인 더 트랩」에서는 자기계발 문화가 완전히 일상화된 대학생들이 서로 어떤 관계를 맺는지 보여줍니다. 이 웹툰이 그려내는 거의 대부분의 사건과 에피소드는 취직이라는 절체절명의 목표를 향한 경쟁만이 지배하는 대학에서 어떤 유형의 인물들이 나타나는지, 그들 간의 관계는 어떠한지를 보여줍니다. 유정처럼 자원 있어 보이는 인물 주위에 사람들이 모이고, 이런 분위기에서 다른 이들은 상대적 박탈감을 느낍니다. 인간관계는 시험을 잘 치르기 위한 족보 구하기, 팀플에서 이기기, 점심 같이 먹기 등의 분명한 목적을 중심으로 구성되는 프로젝트의 성격을 띠게 됩니다. 우정과 사랑이 하나의 액세서리쯤으로 여겨지는 풍조도 등장하며, 왕따와 은밀한 폭력이 횡행합니다. 이런 상황은 2000년대 초 여자 대학생들의 연애에 대한 제 연구에서 한 발 더 나아간 것입니다.「치즈 인 더 트랩」의 독자들은 이처럼 손에 잡힐 듯 그려지는 한국 대학에서의 일상 세부 묘사에 열광합니다. 웹툰 댓글을 읽어보면 '대학생활 내내 이 웹툰과 함께했다.'는 식의 감상이 많아요. 바로 이 웹툰이 독자들의 대학생활 지침서, 나아가 '대학생활 무사히 보내기 자기계발서' 같은 역할을 한 거죠. 저도 이 웹툰을 보면서 제가 이해할 수 없었던 주위 사람을 대입해 생각하기도 하고, 요즘 대학생들의 일상을 알 수 있을 것 같기도 하고 그랬습니다. 제게도 이 웹툰이 강사로서의 자기계발서 같은 역할을 한 거지요.

이런 상황에서도 누군가를 좋아하고, 사랑받고 싶은 감정은 생겨납니다. 그러나 이런 감정들은 몹시 불안할 수밖에 없습니다. 누군가의 성애의 대상으로서 자신도, 상대방도, 그리고 관계 자체도 상대평가를 통한 무한경쟁 분위기에서 예외가 되기 어렵기 때문입니다. 그렇지만 두 사람의 관계에서만큼은 절대적인 인정과 신뢰를 바라게 되는 것이 이런 감정이나 관계의 특성이지요. 그래서 어떤 사회학자들은 오늘날 사랑이 일종의 종교가 되었다고 말합니다. 절대적 인정과 절

이토록 두려운 사랑

대적 신뢰가 어렵다는 것을 알수록 더욱 바라게 되는 모순은 등장인물들이 만성적인 불만 상태에 처하게 되는 주요한 이유라고 할 수 있습니다.

　　그런데 연애 관계가 상대평가와 자기계발의 장에 놓인다는 것, 나아가 연애 관계 내에 이런 원리가 침투한다는 것은 무슨 의미이며 어떤 결과를 가져올까요? 유정은 자신과 다른 사람의 위치나 관계, 상황을 이용해서 홍설에게 장학금 등의 자원이 돌아가도록 함으로써 자신의 애정을 표현합니다. 그녀가 잘되기를 바라고, 자신의 사랑을 표현하여 관계 내에서 인정받기를 바라는 사적인 마음이 공적인 자원 배분에 결정적인 영향을 미치는 거지요. 둘은 사적 커플인 동시에 공적 파트너가 됩니다. 남성과의 '사적 관계'를 통해 공적 자원에 접근할 수 있었던 것은 예전에도 있었던 일이지만 그것이 철저히 사적 관계로만 여겨졌던 반면, 이 웹툰에서는 그런 방식의 공사 구분이 무의미해진 세상을 보여줍니다. 이는 엄청난 질시와 뒷담화, 그리고 여성의 인간적·성적 평판 하락으로 이어집니다. 공적 경쟁의 장에 놓여 있는 여성들은 사적 애정과 공적 경쟁력을 모두 만족시킬 수 있는 연애 관계를 원하지만, 동시에 자신의 자율성이 침범당할 수도 있다는 두려움을 품습니다. 그래서 홍설은 유정의 도움을 자신도 원했던 것인지 혼란스러워하면서 관계 자체에 의심을 갖게 됩니다.

그녀가 더 혼란스러운 이유는 유정이 '속을 알 수 없는' 남자이기 때문입니다. 키다리 아저씨처럼 얼굴을 드러내지 않고 도움만 주다가 주인공이 성장한 이후 남편이 되는 그런 편안한 인물이 아니라, 도움을 주는 교묘하고도 음험한 방식 그 자체가 홍설에게 불안감을 안겨주는 인물입니다. 일루즈는『그레이』의 남자 주인공 그레이의 이미지가 오늘날 여성이 남성에게 갖는 모든 감정의 종합판이라고 설명한 바 있습니다. 뭐라 말할 수 없이 애매해 그 속을 알 수가 없고, 무엇 하나 딱 부러지게 결정하는 적이 없으며, 친절해 보이는가 싶더니 위협적이고, 지켜주는 듯하다가 상처를 안긴다는 것이죠. 어찌 보면 속은 여린데 행동에서는 강함이 뚝뚝 묻어난다고 해요. 마치 우리의 주인공 유정을 묘사한 것 같지 않습니까?

루저이자 스토커, 일베 유저 이미지의 종합판인 오영곤은 언뜻 보면 유정과 대척점에 서 있는 인물처럼 보이지만, 조금 더 생각해보면 유정이 오영곤보다 더 안전한 사람이라는 보장은 없다고 봐도 무방합니다. 홍설은 "진심으로 타인을 좋아하고 믿는 것은, 대체 어떻게 해야 가능한 걸까? 우리는

이토록 두려운 사랑

살아온 환경도, 관심사도, 사고방식마저도 전혀 다른데…….”
라고 스스로에게 묻습니다. 이 질문이야말로 오늘날 사랑과
연애를 고민하는 여성들, 그리고 남성들의 질문이지 않을까
요? 겉으로는 멀쩡해 보이고 어느 한순간 통한다고도 느끼지
만 관계가 깊어질수록 더 알 수 없고 유정처럼 정신적으로 문
제를 가지고 있기도 한 타인을 어떻게 이해하고, 관계를 맺을
수 있을까요? 이를 위해「치즈 인 더 트랩」은 두 남녀가 실은
공통의 정신적 문제와 상처를 가지고 있다고 제시합니다. 그
러니까「연애의 목적」에서는 남성의 사회경제적 지위 하락이
두 사람의 공통점을 만들어낸다면,「치즈 인 더 트랩」은 남성
의 사회경제적 지위는 그대로 둔 채 애초 가지고 있었던 상처
가 두 사람의 공통점일 수 있다고 주장하는 겁니다. 둘 다 '덫
안의 치즈' 같은 상태이기는 매한가지라는 거지요. 싸구려 슬
라이스 체다 치즈와 비싼 브랜드 블루치즈 정도의 차이는 있
겠습니다만.

　　그렇다면 둘은 어떤 정신적 상처를 가지고 있을까
요? 유정과 설은 둘 다 최초의 애착관계인 부모와의 관계에서
상처를 받습니다. 이 방식 자체는 지극히 젠더적입니다. 설은
가부장적인 아버지와 어머니에게 남동생과는 다른 취급을 받

는 딸입니다. 유정의 아버지는 자신이 큰 신세를 진 교수의 손자, 손녀인 백인호와 백인하를 데려와 그들에게 더욱 분명하게 느껴지는 애정을 줍니다. 이런 면에서 유정과 설은 전 세대에게 인정투쟁을 벌이는 현재의 20대를 상징한다고 볼 수도 있습니다. 최근의 많은 드라마에서 볼 수 있는 설정이기도 해요. 그리고 이런 공통점 때문에 둘 간의 계급적, 젠더적 차이는 애정의 발전에는 큰 영향을 미치지 않는 것으로 그려지지요. 결국 홍설이 연애를 하게 되는 것은 계급적, 문화적으로 더 가까운 백인호가 아니라 유정입니다.

　　나아가 유정은 이런 자신을 알아본 설에게 집착과 소유욕을 느끼고 표현합니다. 자신의 자원을 보고 다가오는 많은 여자들과 설은 다르다고 느끼는 거지요. 흥미롭게도 어린 시절의 상처는 뒤에서 계략이나 꾸미는 두려운 남자 유정을 지극히 낭만적인 연인으로 변신시키는 힘의 근원이 됩니다. 근대 낭만적 사랑의 이데올로기에서 '집안의 천사'로서 정서적 권능을 발휘했던 여성상이 후기자본주의 사회 자기계발의 문화에서 정서적 능력자로 새롭게 재탄생하는 순간이라고 할 수 있습니다. 홍설의 이런 능력은 유정뿐 아니라 백인호와의 관계에서도 발휘됩니다. 백인호가 홍설을 좋아하게 되

는 것도 설의 이런 점 때문이지요. 일루즈는 『그레이』 시리즈
가 선보이는 상상 가운데 하나로 우리 각자의 평범함이 무엇
과도 바꿀 수 없는 독특한 매력이 될 수 있다는 것을 꼽았으
며, 그중 최고의 상상은 선택받고 사랑하는 과정을 통해 자아
가 변모하고 인정받아 치유된다는 것이라고 분석했습니다. 이
는 「치즈 인 더 트랩」에도 정확히 들어맞는 독해입니다.

그러나 「치즈 인 더 트랩」은 『그레이』 시리즈와 달
리, 또 「연애의 목적」과도 달리 여성의 섹슈얼리티를 욕망이
아니라 폭력과 위험으로 그려냅니다. 한 가지 이유는 강의 서
두에서 얘기한 서구의 성해방 운동, 페미니즘의 경험과 역사
가 한국과 다르기 때문입니다. 사실 「연애의 목적」도 폭력적
성 경험을 둘러싼 여성들의 곤궁이 주요하게 재현되었지요.
「연애의 목적」에서 이유림이 죗값을 치른 것처럼 현실이 바뀌
지는 못했기 때문에 여성을 대상으로 각종 성적, 혐오적 범죄
를 저지르는 남성들이 판을 치게 되었다고 볼 수도 있습니다.
「치즈 인 더 트랩」에서는 이런 상황에서 젊은 여성들이 남성
그 자체에게 갖게 된 두려움을 보여줍니다. 유정과 백인호는
당연히, 이런 남성들을 처단하는 '올바른 남자들'이지요. 이
런 면에선 여성들의 성적 욕망의 추구는 오히려 후퇴한 것으

로 보입니다. 성적 폭력의 위험으로부터 자신을 지켜줄 수 있는 남자에 대한 판타지가 여전히 유효하다는 거니까요. 격렬한 사도마조히즘 섹스를 통해 남녀의 성 정체성을 새롭게 정의하며 결속에의 갈망을 표현한 『그레이』 시리즈와 비교해보면 이 차이는 명백합니다. 물론 한국 웹툰이라는 매체에서 표현할 수 있는 한계는 있습니다만, 시리즈 전반에서 섹슈얼리티가 폭력과 위험으로만 제시되고 있다는 점은 좀 더 고민해볼 필요가 있습니다. '나쁜 새끼'들의 시대에 '두려운 남자'가 오히려 안전하다는 재현은 오늘날 한국에서 여성들이 이성애 관계에서 처한 자율적인 성적 욕망의 추구와 물화된 성적 대상화 간의 딜레마가 극에 달해 있음을 드러내는 건 아닐까요?

2000년대 중반부터 온라인을 중심으로 결집되어 출몰한 '두려운 남자'들은 이 시기에 나고 자란 여성들에게는 디폴트나 마찬가지인 상황입니다. 결국 이런 두려움이 쌓여 행동으로 터져 나온 것이 2015년 메갈리아 사태, 2016년 강남역 살인 사건에 대한 저항이라고 볼 때 지금 젊은 여성들의 페미니즘에 대한 관심과 그 구체적인 내용은 깊은 분석을 필요로 합니다. 사회경제적 자원과 심리적 취약함을 동시에 가지고 있는 남성과의 관계를 통해 사적 애정, 공적 경쟁력, 자율성을 모두 만족시킬 수 있는 것으로서 연애를 그리고 있는 「치즈 인 더 트랩」의 재현에서 우리가 읽을 수 있는 것은 무엇일까요? 저는 잠정적으로 이렇게 생각합니다. 자기계발 문화가 일상화되고 내면화된 사회는 불평등의 구조적 해결에는 무관심하지요. 그것이 계급 불평등이든, 젠더 불평등이든 말입니다. 그렇지만 지배적 기제의 내면화는 언제나 잔여물을 남기게 마련입니다. 개인적 혹은 상상적 차원에서라도 이 문제는 해소가 되어야 하는 거예요. 그래서 저는 여기에 정서적 권능자로서의 능력 발휘를 통해 두려움 없는 감정적 결속을 이루어 개인적 차원에서 불평등을 해소하고 자율성을 지키고자 하는 욕망이 잠재해 있는 것은 아닐까 짐작해봅니다.

질문과 토론

Q 「연애의 목적」을 보면서 두 남녀 주인공뿐 아니라
주위 인물들의 마음이 궁금해졌어요. 관계를 유지하기
위해서는 상대방에 대한 책임뿐 아니라 자기 마음을
책임지는 자세가 필요한데 이유림은 그러지 않았고,
그렇다면 6년 동안 유림과 사귄 여성의 마음은 어땠을까
싶었어요.

A 글쎄요, 저는 이유림과 사귀었던 여성이 자기
마음을 책임지고자 했다면 이유림과 직접 솔직한
이야기를 하고 결정을 내렸어야 한다고 봅니다. 상대
여성을 뒷조사하고 소문을 내는 것은 자기 마음을
책임지는 자세는 아니라고 봐요. 억울한 감정을 갖게
되는 것은 충분히 이해가 됩니다만.
여기에서 생각해볼 것은 '연애 관계란 무엇인가?',
'평등한 연애 관계란 어떤 것이어야 하는가?'라는
질문입니다. 우리는 연애 관계는 평등해야 하며, 평등한
관계가 좋은 관계라고 생각하지만 구체적으로 그것이
어떤 모습이어야 하는지에 대해서는 잘 알지 못합니다.
사실 평등한 관계는 굉장히 불안정한 관계입니다.

역할에 기반하지 않기 때문에 관계에서 벌어지는 모든
상황에서 '이렇게 하면 된다.'라는 각본이 없어요.
따라서 지속적으로 협상해야 하는 관계죠. 그리고
협상은 아시다시피 언제나 성공적이지는 않아요.
이에 비해 성역할에 기반한, 불평등한 남녀 관계는
평등한 관계보다 상대적으로 안정적일 수 있습니다.
남자는 남자의 역할을, 여자는 여자의 역할을 하면
되니까요. 성별분업이 문제이지만 그에 따른 젠더
보상 체계가 있기 때문에 이만큼 유지되어온 거죠.
생계부양자 남성은 노동해야 하는 고단함을 감내하고
가부장으로 군림할 수 있는 보상을 받아요. 여성은
집안일과 남편에 대한 여러 노동의 고단함을 감내하고
아내와 어머니라는 정상적 여성성을 인정받는 보상을
받습니다. 이 영화에서는 이유림과 최홍 각자의 연애
관계가 거의 결혼에 준할 정도로 성별분업적인 관계로
나옵니다. 미래 며느리로서의 역할까지 하는 이유림의
여자 친구는 주위 사람들이 믿고 있는 섹슈얼리티와
관계에 대한 통념 그리고 그들이 실어 나르는 온갖
루머 속에서 폭력적 섹슈얼리티의 경험이 어떻게

구축되는가를 보여주는 인물입니다.

질문하신 대로 평등한 관계를 각자의 마음을 스스로가 책임지는 관계라고 정의할 수도 있겠습니다. 두 사람 간의 관계에서 일차적인 잘못은 이유림이 했지만, 저는 그 여성이 자신의 마음보다는 어느덧 익숙해진 자신의 성역할에 너무도 충실한 반응을 보였다고 봅니다. 이미 결혼한 법적 아내가 불륜 관계에서의 '상간녀' 대하듯 최홍을 대한 거지요. 한쪽의 마음이 변했다면 끝날 수밖에 없는 개방적인 관계에서 적절하지 않을 뿐 아니라 스스로를 괴롭히는 선택이었다고 봐요.

그러니 사실 '우리는 정말 평등한 관계를 원하는가?', '평등한 관계에 대한 상상력이나 모델이 있는가?'를 질문할 수밖에 없습니다. 저는 상대방에게 함몰되지 않는, 자기 자신으로 존재하는 개인들만이 서로 평등한 관계를 맺을 수 있다고 생각합니다. 그리고 그것은 항상 즐겁고 유쾌하다기보다 시시때때로 불안정함을 감내해야 하는 관계일 수밖에 없습니다.

더 읽을거리

1 에바 일루즈, 김희상 옮김, 『사랑은 왜 불안한가: 하드 코어 로맨스와
에로티시즘의 사회학』(돌베개, 2014).

2 울리히 벡·엘리자베트 벡 게른스하임, 배은경·권기돈·강수영 옮김,
『사랑은 지독한, 그러나 너무나 정상적인 혼란: 사랑, 결혼, 아이들의 새로운
미래를 향한 근원적 성찰』(새물결, 1999).

3 존 버거, 최민 옮김, 『다른 방식으로 보기』(열화당, 2012).

6강

그들이 사랑하는 것은 무엇인가?

오늘날 남성들은 친밀성에 대한
욕망을 어떻게 표출하는가

아이유, 「좋은 날」(2010)
영화 「소셜포비아」(2015)

헤게모니적 남성성과 남성의 사랑

지난 시간에는 '나쁜 남자'라는 대중문화의 형상을 통해 여성들이 이성애 관계에서 처한 자율적 성적 욕망의 추구와 물화된 성적 대상화 간의 딜레마를 어떻게 해결하려고 하는지 살펴보았습니다. 그렇다면 남성들은 어떨까요? 오늘날 한국 남성들은 정서적 삶과 관련해 어떤 상황에 처해 있고, 어떤 친밀 관계를 원하며, 이것이 의미하는 바는 무엇일까요?

우리가 원하는 특정한 친밀 관계는 상대방이 누구인가를 설명하기보다 우리 자신의 내면과 욕망을 더 잘 드러냅니다. 젠더에 국한해서 말하자면, 정신분석학적으로 볼 때 남성은 친밀 관계에서 자신의 욕망을 상대에게 투사하는 경향이, 여성은 상대방 욕망의 대상이 되고자 하는 경향이 강하다고 합니다. 즉, 남성은 '내가 원하는 것을 너도 원할 것이다.'라고 생각하고 여성은 '나는 네가 원하는 것이다.'라고 생각하는 경향이 있다는 것이지요. 전자를 강박증, 후자를 히스테리라고 부릅니다. 지난 강의에서 다룬 오늘날 여성들의 딜레마, 즉 자율성과 대상화 간의 모순이 극대화되는 부분적인 이유도 여기에서 찾을 수 있습니다. 그렇지만 이것은 생물학적 본성에 대한 설명이 아니고 근대 이후 문화적으로 구성된 이성애 관계에 대한 설명입니다. 남성은 욕망의 주체, 여성은 욕망의 대상으로 구성되어온 오랜 역사 속에서 관계에 대한 우리 각자의 기대도 이렇게 형성된 측면이 있다는 거지요. 동시에 문화적으로 구성된 것이기 때문에 원리적으로는 여성이 강박증적 사랑을, 남성이 히스테리적 사랑을 할 수도 있습니다.

이런 의미에서 남성이 어떤 친밀 관계를 열망하는지를 알기 위해서는 남성성, 즉 남성 됨의 성격을 알 필요가 있습니다. 이 강의에서 이야기한 적 있는 '헤게모니적 남성성'이라는 개념 기억나시나요? 이 개념을 제시한 학자는 오스트레일리아의 사회학자 코넬(R. W. Connell)입니다. 코넬은 원래 남성의 몸으로 태어났는데 이후 성전환 수술을 하여 현재는

이토록 두려운 사랑

트랜스젠더 여성으로 살아가고 있습니다. 그러니까 이 개념은 코넬 자신의 존재론적 경험을 통한 성찰을 바탕에 두고 있다고 할 수 있습니다. 다시 한 번 정리하자면 헤게모니적 남성성은 특정 시공간에서 이상적이라고 동의된 남성성을 뜻합니다. 중요한 점은 헤게모니적 남성성이 단지 이상적인 남성성을 의미할 뿐 아니라, 남성 중심 체제를 유지하는 데 필수적인 것으로 작동한다는 점입니다. 그러니까 오늘 강의는 한국의 헤게모니적 남성성과 그 변화, 더 나아가 남성 중심 체제의 변화에 대한 이야기이기도 합니다.

부성가족과 자궁가족, 그리고 성역할에 기반한 관계

우선 우리의 할아버지, 아버지 세대의 남성성부터 생각해볼까요. 출생년도로는 대략 1945년생부터 1972년생까지 해당됩니다. 최근 한국여성정책연구원 마경희 연구원 팀이 한국의 헤게모니적 남성성의 균열과 변화하는 남성의 삶에 대한 연구를 진행했는데요, 이 연구에서는 남성성의 규범과 젠더 위계에 영향을 미치는 사회경제적 특성을 기준으로 남성들을 모두 네 세대로 구분합니다. 산업화 세대(1945~1960년생), 고도성장 세대(1961~1972년생), IMF·신자유주의 세대(1973~1984년생), 디지털 세대(1985년 이후 출생)입니다. 여성과의 관계와 친밀성에 대한 기대 및 실천과 관련해서는 앞의 두 세대를 한 세대로 묶어 대략 세 세대로 구분해 생각해볼 수 있습니다.

우선 산업화 세대와 고도성장 세대는 군사정부 시절에 남성으로서 정체성을 확립한 이들이죠. 그런 만큼 폭력에 관대하며, 폭력을 통한 남성 내부의 위계서열화를 내면화하고 있는 편입니다. 고도성장 세대의 경우 소위 '586'이라 불리는 학생운동 세대가 포함됩니다. 이들은 권위주의 국가 체제에 대한 문제의식을 가지고 있기도 하지만 일상적 군사주의 문화에서 성장했기 때문에 폭력에 대한 근본적인 문제의식은 별로 가지고 있지 않은 경우가 많아요. 또 '군대 다녀와야 사람 된다.'라고 생각하고, 국가주도 경제성장의 시기에 살았기 때문에 국가와 자신을 동일시하는 경향도 강합니다.

그런 만큼 이 세대 남성 대부분은 성역할 규범을 아주 확고하게 내면화하고 있습니다. 남성은 남성의 자리가 있

이토록 두려운 사랑

고, 여성은 여성의 자리가 있다는 것이지요. 이들에게 가족 내에서 남성의 자리는 특권적 가부장이며, 여성의 자리는 가부장을 보조하는 아내이자 어머니입니다. 마경희 연구팀에서 한 인터뷰를 보면 "여자는 빨래하고 밥하고 애들 봐주는 것으로 알고, 남성이 상위"라는 표현이 나오는데, 이게 바로 이 세대 남성들이 여성과의 관계에서 기대하는 바였다고 할 수 있습니다. 가족이나 직장에서 이런 남자 어른들을 종종 보셨을 거예요.

이 세대 남성들이 내면화하고 있는 가족관계를 좀 더 원리적으로 살펴봅시다. 비교를 위해 서구 근대 가족 구성 원리를 먼저 생각해보지요. 서구 근대의 가족과 남성성의 구성 원리를 생각할 때 출발점이 되는 이야기는 오이디푸스 콤플렉스입니다. 그리스의 비극 「오이디푸스 왕」은 다들 잘 아시지요? 아버지를 죽이고 어머니와 결혼한 오이디푸스는 시민혁명 당시 왕으로 대표되는 신분제를 철폐한 부르주아의 형상이 됩니다. 아비인 왕의 목을 함께 친 형제들의 연대에 기반한 사회의 출발, 이것이 서구 근대의 출발인 것이지요. 이때 공적 시민은 남성들로, 시민사회는 이들의 연대에 기반한 남성동성사회로 구성되고, 이 연대를 가능하게 해주는 것이 바

6강 그들이 사랑하는 것은 무엇인가?

로 결혼계약으로 맺어지는 여성들입니다. 이와 더불어 정치, 경제와 같은 공적 영역은 남성적 영역으로, 가족이라는 사적 영역은 여성적 영역으로 위치 지어집니다. 여성의 일차적 자리는 가족 내 어머니이자 아내라는 역할이 됩니다. 즉 서구 근대의 남성성은 때가 되면 아비를 상징적으로 죽이는 아들이 어머니와 같은 무임의 재생산노동을 할 수 있는 여성을 짝으로 맞이하여 가족을 이루는 것으로 완성된다고 할 수 있습니다. 이를 깨뜨릴 가능성이 있는 남성 동성애에 대한 혐오를 깊이 내재한 상태로 말이지요.

그렇다면 한국의 가족과 남성성은 어떨까요? 식민지로서 근대를 맞이한 우리는 스스로 왕 그리고 아비의 목을 친 적이 없습니다. 한국의 아들들은 아버지가 죽기 전까지는 영원히 아버지의 아들들로 존재한다고도 말할 수 있어요. 이처럼 남성 가장을 중심으로 하여 아버지와 아들의 관계가 중시되는 가족을 부성가족이라고 일컫습니다. 그렇다면 여성들은 부성가족과 어떤 관계를 맺고 있었을까요? 좀 더 구체적으로, 왜 그녀들은 이런 가족 구조를 중심으로 한 남성 중심 체제에 '자발적'으로 헌신하게 되었을까요? 이런 질문을 던진 이가 미국의 페미니스트 인류학자 마저리 울프(Margery Wolf)입니다. 마저리 울프는 1972년 출판한 타이완 농촌사회 가족 연구서에서 '자궁가족(uterine family)'이라는 개념을 제시합니다. 남편 집에 편입된 젊은 여성, 즉 며느리는 가족 내에서 가장 낮은 위치에 있습니다. 이 위치에서 상승 이동하려면 아들을 낳아야 하지요. 이 세대 여성들이 첫 아들을 낳고 "집안의 어엿한 구성원이 된 것 같았다."고 하거나 남성들이 "본분을 다한 것 같아 기뻤다."고 말하는 것은 이런 맥락에서 이해할 수 있습니다.

이처럼 부계혈통의 부성가족은 아버지와 아들이 가장 중요한 자리를 차지하지만, 자식을 낳음으로써 자신의 세력권을 구축하는 여성과 자식들, 그리고 아들들이 결혼하면 가족에 편입되는 며느리들 간에도 그 못지않게 중요한 관계와 문화가 형성됩니다. 이를 울프는 '자궁가족'이라고 명명합니다. 이 가족은 남편이자 아버지인 남성의 참여를 배제한 채 어머니의 보살핌을 중심으로 하여 자식들과 며느리들 간의 관계로 이루어집니다. 또 부성가족의 하위문화인 자궁가족은 감정과 충성심에 기초하며, 일상생활에서는 부성가족 못지않은 구속력을 갖습니다. '자궁가족'의 개념을 한국 가족에 적용하여 분석한 페미니스트 인류학자 조한혜정은 이것이 바로 유교 가부장제가 여성을 배제하면서 동시에 흡수하는 원리였다고 분석합니다.

이런 상황에서 아들은 어머니를 차지하기 위해 아버지의 목을 칠 필요가 없습니다. 그냥 필요에 따라 왔다 갔다 하면 되는 것이지요. 아버지도 이런 상황을 허용하기 때문에 어머니와 아이들, 특히 어머니와 아들들 사이의 성적 접근을 차단하지 않습니다. 한국 어머니들의 전통적 육아 방식은 이 점을 보다 명확히 보여줍니다. 한국의 어머니들은 아이를 낳고 나면 남편이 아니라 아이와 자는 것을 당연시합니다. 아이의 잠과 접촉, 배변의 필요를 즉각적으로 만족시켜주기 위해 늘 대기하고 있는 것이죠. 요즘은 좀 달라지기는 했습니다만, 제가 어릴 때만 해도 초등학교 저학년 때까지 아들을 여자 목욕탕에 데리고 오는 어머니들이 비일비재했던 것도 한 예입니다. 이 세대 남성들이 어머니를 그토록 그리워하고 세상 모든 여성들을 어머니와 비교하여 하찮게 생각하는 것은 바로 이런 이유 때문입니다. 누가 그들의 필요를 이렇게까지 즉각적이며 허용적으로 만족시켜줄 수 있겠어요. 중요한 것은 이런 양육 방식과 관계가 어머니들의 지위가 비천하다고 말할 수 있을 정도로 낮았기 때문에 구사한 가족 내 전략이라는 점입니다.

지금은 돌아가신 전인권이라는 정치학자가 있습니다. 1957년생이었던 그는 부성가족과 자궁가족의 원리가 남성으로서 자기 정체성 형성에 어떤 영향을 미쳤는지 분석한 『남자의 탄생』이라는 흥미로운 책을 썼습니다. 이 책에서 그는 어머니와 자신의 의사소통은 철저히 신분에 기초한 것이었다고 말합니다. 물론 어머니의 신분이 아들인 자신보다 낮은 것이었고요. 그러니 이 세대 남성들에게는 남녀평등이란 가당치 않은 소리지요. 어머니도 나보다 낮은데 어떤 여성이 감히 자신과 동등할 수 있겠습니까? 그러니 온갖 여성 정책이 도입된 현재는 이들에게 여성의 지위가 지나치게 상승한 시대일 법도 하지요.

그렇다면 가족 내 아버지의 위치는 어떠했을까요? 그는 문자 그대로 왕이었습니다. 한국의 아버지는 부인의 성을 독점하기를 포기한 대신, 그 외의 모든 가치를 독점합니다. 이들이 다른 문화권 아버지들에 비해 높은 권위를 누리는 데는 바로 이런 이유가 있습니다. 또 한국의 아들들은 아버지의 목을 치고 말고 할 것도 없이 태어나자마자 그 권위를 선취한 것으로 간주되었습니다. 아들은 태어나자마자 가족의 가장 중요한 구성원이 되지요. 이처럼 서구의 핵가족이 철저히 부부 중심의 가족인 데 비해 한국의 경우 아버지-아들, 어머니-아들이라는 두 개의 가족 원리가 결합한 형태로 작동합니다. 그래서 한국의 이 세대 남성들은 어머니와 함께 있을 때는 왕처럼 굴고, 아버지 앞에서는 아이처럼 유순하게 행동합니다. 그러니 이들에게 연애와 결혼이란 어머니처럼 자신을 왕같이 대해줄 수 있는 사람, 그와 함께 자신의 부모에게 유순한 아이처럼 행동할 수 있는 사람을 찾는 것이었습니다.

또 한국의 공적 공간, 예컨대 학교, 군대, 회사는 부성가족의 원리가 관철되는, 위계적인 남성동성사회 공간입니다. '두사부일체'라는 농담이 있잖아요. 두목과 사장과 아버지는 하나라는, 공적 영역을 구성하는 부성가족의 원리를 드러내는 농담이지요. 이곳에서 남성들은 상상적/상징적 아버지와 아들로서 위계적인 관계를 맺고 그들을 왕처럼 대하는 여성들이 진입하도록 합니다. 공적 공간에서 친해진 남성들이 비즈니스의 일환으로 다 함께 룸살롱에 가는 것도 이런 원리로 이해할 수 있습니다. 그들은 아마 성매매 업소에 성매매를 하러 간다기보다 다른 남성들과 친해지러 간다고 생각할지도 모릅니다. 그래서 이 세대 남성들에게는, 대단히 예외적인 경

이토록 두려운 사랑

우를 제외하고는, 남성과 여성이 서로 평등한 인간 대 인간으로 관계를 맺을 수 있다는 상상력이 애초에 결여되어 있다고 보는 게 좋습니다. 역할을 떠나 평등한 인간이라는 생각 자체가 없는 경우가 대부분이라고 봐야겠지요. 그러니 이 세대 남성들에게 오늘날 한국은 여성의 권리가 지나치게 향상된 사회입니다. 저는 한동안 사람들의 입길에 오르내렸던 안경환 교수의 『남자란 무엇인가』가 이 세대 어떤 남성들의 분열과 갈등을 보여주는 흥미로운 텍스트라고 생각하는데요, 변화를 인정할 수도, 인정하지 않을 수도 없어 갈팡질팡하는 그들의 속내가 솔직하게, 그러나 별 성찰은 없이 제시되고 있지요. 이 책과 이 책을 둘러싼 말들에 대한 탁월한 비평으로는 《한겨레》에 실린 불문학자 고 황현산의 칼럼 「풍속에 관해 글쓰기」를 참조하시면 좋겠습니다.

IMF·신자유주의 세대 그리고 '삼촌팬', 새로운 남성성과 관계에 대한 열망?

다음은 IMF · 신자유주의 세대, 1973년에서 1984년 사이에 태어난 남성들입니다. 이 세대 남성들이 초 · 중등학교를 다닐 때는 1980년대에서 1990년대 초중반에 해당되니, 박정희 정권 시기보다는 한층 자유로운 분위기에서 자랐지요. 고도성장의 혜택을 어린 시절에 맛본 세대라고 할 수 있습니다. 저도 이 세대라서 잘 압니다만, 이 시기부터 적어도 교육에서는 남녀에게 균등한 기회가 주어졌다고 할 수 있습니다. 대학마다, 과마다 여학생들 숫자가 최고치를 경신해서 남자교수들의 시름(?)이 깊어진 시대이기도 했습니다. 또 민주화 이후 남녀고용평등법 · 성폭력특별법 · 성매매방지법 제정, 군가산점제와 호주제 폐지 등 여성운동의 성과가 제도적으로 가시화된 시기이기도 합니다. 그러다가 1997년 IMF 경제위기가 터지면서 한국형 신자유주의로의 전환기에 취업한 세대이기도 합니다. 현재 이 세대의 보통 남성들은 30대 초중반에서 40대 초중반의 나이로 한참 직장생활과 자녀 양육 및 교육에 골몰하고 있으리라고 짐작할 수 있습니다.

마경희 연구팀의 연구에 따르면 이 세대는 산업화 세대, 고도성장 세대와 달리 결혼 후 아내의 취업을 당연시합니다. 또 가사와 양육을 남편이자 아버지로서의 역할로 받아들이고 있고, 가족 내에서 아내와 자녀들과 맺는 관계도 이전 세대와는 다르다고 합니다. 독단적인 가부장으로서 권위를 인정받으려고 하기보다 아내와 충분히 의논하고 결정하며, 자녀들에게는 친구 같은 아버지가 되고자 노력한다고 해요. 이런 모습은 앞에서 설명한 산업화, 고도성장 세대의 남성들과 분명 다른 모습이죠.

그러나 이들은 부양자 책임에 대해서는 압박을 느끼고 아내의 분담을 당연시하지만, 부양자 역할을 내려놓고 싶어 하지는 않는 모순을 보여줍니다. 부양자 역할을 통해 가족 내 권위를 유지하고 싶어 하고 아내의 정서적 인정을 바랍니다. 그러다보니 가사와 양육 책임도 애매하게 때우는 수준을 벗어나지 못하는 경우가 많습니다. 가사와 양육을 자신의 책임 일부로만 받아들이고, 뭔가를 하는 시늉으로 만족하는 거지요. 이들에게 가사와 양육은 안 하면 안 되는 '의무'가 아니라 그저 선택지 중 하나인 거예요. 취업과 가사, 양육의 의무가 모두 당연시되는 이 세대 여성들과 다른 점이죠. 또 전 세대 남성들과 다르다고는 하지만 전 세대 남성들이 가부장으로 누렸던 권위를 그리워하면서 여성의 권리가 지나치게 향상된 '역차별' 시대라고 규정하는 경우도 찾아볼 수 있습니다. 이들의 모순, 즉 벗어나고 싶은 부양자 책임과 내려놓고 싶지 않은 부양자 역할 사이의 갈등은 앞으로 더 커질 가능성이 있습니다. 부양자로서 책임을 다할 수 있는 경제적 조건은 점점 나빠질 것이기에 그렇습니다.

한편 '삼촌팬'은 이 세대 남성 일부에게서 찾아볼 수 있는 독특한 하위문화 현상입니다. 이들은 한국의 일반적인 남성 성장사와 거리를 두고 있습니다. 30대 이상 성인 남성이라면 결혼을 했거나 할 준비라도 하고 있어야 합니다. 그런데 이 나이의 남성들이 걸그룹을 쫓아다니면서 10대 여성들이나 할 법한 팬 활동을 한다면 철이 없거나 퇴행적이라는 비판을 면하기 힘듭니다. 이런 남성들이 2000년대 중반, 좀 더 정확히 말하면 2007년 소녀시대와 원더걸스의 데뷔와 함께 등장한 거예요. 주로 10대 여성, 그리고 그들이 성장해 저변을 넓혀온 20대, 30대 여성 팬덤에 더해 새롭게 등장한 성인 남성 팬의 존재는 해석과 자기 명명을 필요로 하는 현상이었습니다. 그리고 아이유가 「좋은 날」로 화려하게 돌아온 2010년은 성인 남성 팬을 둘러싼 논쟁이 최고조에 달해 있을 때였습니다. 당시 분위기를 잘 보여주는 글을 좀 길지만 함께 읽어보도록 하겠습니다.

이토록 두려운 사랑

나는 '소녀시대'를 좋아하는 30대 팬이며 스스로 상당히 열성적인 편이라고 생각한다. [……] 언론이 말하고 있는 "소녀시대 팬이라는 사실에 대해 부끄러워하지 않는 30대"는 너무나 공허하고 비현실적인 말이다. 대부분 30대 팬은 음반매장에서 소녀시대 앨범이 어디에 있냐고 물어보는 것조차 민망해 하며, 소녀시대가 광고하는 치킨가게에서 브로마이드나 달력을 주는 이벤트를 할 때, 배달원이 브로마이드나 달력을 가져다주지 않으면 그것을 가져다 달라는 말도 못하고 가슴앓이를 하는 것이 일반적 모습이다.

[……] 30~40대 팬이 언론에 의해 긍정적으로 부각되는 이유 중 주요한 것은 그들이 경제력을 가진 소비 주체이기 때문이다. 마르크스 선생님의 말마따나 모든 것에는 물적 토대가 있기 마련. 언론과 지배 담론이 30~40대 팬들을 무시하지 못하는 것은 그들이 지갑을 열 준비가 되어 있는 소비 주체라는 점이다. 그래서 삼촌팬에 대한 논의에서는 그들의 경제력과 그들이 가진 돈이 관심의 대상이 되곤 한다. 돈이 지배하는 자본주의 사회의 속성을 적나라하게 보여준다.

[……] 소녀시대를 좋아한다는 이유로 30~40대 팬들은 그들의 모든 인간적인 측면이 배제된 채 그저 젊고 어린 여성에 대한 성적 욕망으로 가득 차서 그것을 조절할 수 없는 지경에 이른 성적 공격자(sexual predator) 내지는 예비 성범죄자로 여겨진다. 그리고 소녀시대를 좋아한다는 것은 남성의 관음증적 쾌락에 대한 욕망으로서 표상된다. 그러나 '소녀시대를 관음증적 시선으로 바라보는 중년 남성'이라는 생각은 남성의 성과 욕망이 무엇인지 이해조차 못하고 있는 시각이다. 관음증적 욕망과 쾌락을 추구한다면 우리 사회에는 너무나 값싸고 적나라하게 훨씬 더 자극적으로 그것을 충족시킬 길이 널려 있다. [……] 그래서 대부분의 소위 '남자다운' 남자들은 소녀시대를 좋아하는 남자들을 더 한심하게 여긴다.

[……] 나는 소녀시대를 좋아하고 팬 활동을 하는 것이 30~40대들도 얼마든지 할 수 있는 긍정적인 현상이라고 생각하며 그 근거로는 자유의 증대와 행복 추구의 권리를 들겠다. 30~40대 남자라 하여 엄숙함, 근엄함, 삶의 책임에 대한 무게와 심각한 문제에 대한 깊은 고민들에 갇혀 있어야 하고, 또 그래야만 하는 것이 철이 든 것이라고

한다면 그것을 거부하는 어른들의 증가는 전혀 놀랄 만한 것이 아니다. 우리는 영화와 텔레비전에서 30~40대, 아니 50~60대라 하더라도 소년적 감수성을 가지고 유쾌하고 즐겁게 사는 모습들을 볼 수 있다. 보통 사람들이라고 그러지 못할 이유가 어디에 있는가? 그것이 사회 문제를 일으키고 공동체의 이익에 반하는 것이 아니라면, 허용 못할 이유가 없을 뿐더러, 오히려 권장될 일일지도 모른다.

[……] 소녀시대 30대 팬으로서 내가 진정 바라는 것은 문화 상품에 대한 수동적 소비자가 아니라 문화를 향유하고 이끄는 주체로서 살고 싶다는 것이다. 나는 시간과 기회가 허락하는 한 공연과 이벤트와 행사에 참여하고 싶고, 그 과정에서 많은 동료와 젊은이 들과 어울리고 싶다. 또 소녀시대를 보는 설렘으로 열광적으로 그들에게 환호를 보내고 싶다.

[……] 30대 팬들은 핑클과 S.E.S. 세대일 뿐 아니라 서태지 세대이기도 하다. 우리는 설령 자신이 직접 참여하지는 않았다 해도, 서태지의 팬들이 적극적인 활동과 문화적 실천을 통해 저열한 오빠부대에 불과하다는 사회적 시선을 극복하고 대한민국의 문화적 지형에서 존경받는 대중

문화의 주체로 우뚝 성장하는 것을 목격한 세대이다. 그러한 성과는 서태지라는 한 개인이 가진 아티스트로서의 능력에 기인했다기보다, 수많은 사람들의 성숙한 팬 활동과 문화적 실천이 있었기에 가능한 일이었다.*

IMF · 신자유주의 세대 남성들 일부에서 등장한 '삼촌팬'은 이 글에서 드러나듯 소위 '신세대'라 불리면서 민주화 이후 자유로운 사회적 분위기와 소비문화 속에서 자신의 정체성을 정립해간 이들입니다. 이들이 20대였을 때는 록 음악이 전성기를 맞이했던 때로, 록 음악을 다룬 번역서들이 넘쳐나고, 대학가요제에서 상큼한 록발라드로 데뷔한 신해철, 그리고 댄스음악으로 데뷔한 서태지와 아이들이 록으로 전향을 시도해 나름대로 성공을 거둔 시절이었습니다. 이런 분위기 속에서 청년기를 보낸 남성들이 2000년대 중반, 아이돌 산업의 최전선 걸그룹에 환호하는 삼촌들로 등장한 거예요.

문화연구자 김성윤은 여기에는 두 가지 이유가 있다

---

* 이장원, 「누가 '소녀시대' 삼촌팬들에게 돌을 던지나: 한 30대 팬이 보는 30~40대 팬 열풍」, 《오마이뉴스》(2009년 2월 23일). http://www.ohmynews.com/NWS_Web/View/at_pg.aspx?CNTN_CD=A0001075429.

이토록 두려운 사랑

고 분석합니다. 하나는 문화산업의 외부에서 저항 혹은 대안으로서의 문화를 상상하는 게 거의 불가능해졌다는 데 있습니다. 이미 1980년대 말, 1990년대 초부터 한국 대중문화는 금융·벤처 자본과 통신자본의 유입으로 본격적인 산업이 되기 시작합니다. 이 과정은 방송 산업이 케이블과 종편으로, 영화 산업이 대기업 과점 유통망 중심으로, 음악 산업이 음원 중심의 기획사 시스템으로 변모해간 과정과 겹칩니다. 기획사는 음악 산업뿐 아니라 방송, 영화 산업까지 아우르는 문화산업의 주요 행위자로 등장합니다. 그러면서 이제 더 이상 기획사 바깥에서 생산된 문화가 대중문화 신(scene)에 영향을 미치기 어렵게 된 거죠. 그렇지만 문화를 지속적으로 소비해온 이들에게는 그 욕구를 충족시킬 대상이 필요했는데, 이때 아이돌 걸그룹이 적절한 소비 대상으로 부상했습니다. 둘째로 걸그룹이 속한 문화산업은 그간 진화를 거듭해오면서 '제조된 음악'에 머무르지 않고 나름의 음악성을 갖춘 '들을 만한 음악'을 생산해내기에 이르렀습니다.

그런데 이들이 스스로를 '삼촌팬'으로 의미화하는 논리는 좀 더 생각해볼 필요가 있습니다. 이 용어는 걸그룹에 대해 '오빠'이고 싶어 하는, 즉 걸그룹을 성적 대상으로 욕망하는 데 대한 사회적 비난을 효과적으로 잠재우려는 시도를 반영합니다. 위 글에서도 소녀시대를 좋아하는 30대 남성이라는 이유로 소아성애자라는 비난을 듣는 데에 느끼는 강한 거부감을 읽을 수 있지요. 그러니까 이 용어는 일종의 방어적 위장의 기표라고 할 수 있습니다. 이런 논란이 최고조에 달했던 때 등장한 노래가 아이유의 「좋은 날」입니다. 그녀는 "오빠가 좋은걸"이라는 가사로 단숨에 음원차트 정상을 차지했어요. 즉 이 노래는 '오빠이고 싶지만 오빠여서는 안 되는 그들'을 '오빠'로 명명해주는 효과를 발휘한 것이지요.

이런 점에서 본다면 '삼촌팬' 남성들은 이 세대 남성들 중 예외적인 존재가 아니라 이 세대의 변화된 남성성을 가장 극적으로 드러내고 있는 이들이라고 할 수 있습니다. 대중문화 속에서 성장하고 IMF 당시 취업하여 유동적인 삶과 사회에 익숙하며, '역할'이 아닌 친밀한 관계를 추구하려는 특징 등은 앞선 세대 남성성과 상당히 거리가 있지요. 저는 이들이 한국에서 성역할이 아니라 친밀함에 기반한 관계를 추구한 최초의 남성 세대라고 봅니다. 이 세대 남성 소설가들이나 문화 생산자들, 예컨대 김태호, 나영석, 신원호, 장강명 같은 이들의 생산물을 보면 확실히 이런 점이 두드러지지요.

그런데 여성들에게 이 변화가 썩 만족스러운 것으로 느껴지지 않는다면, 아마도 앞서 말씀드린 이 세대 남성들의 '머리와 가슴이 따로 노는' 모순 때문일 겁니다. 보호자로서 져야 하는 책임은 여성들과 분담하고 싶지만 보호자라는 위치는 내려놓고 싶지 않은 양가감정이 '삼촌팬'이라는 용어 속에서도 드러납니다. 즉 이들의 새로운 남성성은 세대 측면에서는 의미를 갖지만 젠더 측면에서는 큰 의미를 갖지 못합니다. 아버지 세대의 권위주의적 남성성에는 반감을 갖고 저항하지만, 여성과의 관계에서는 여전히 보호자적 위치가 무너지지 않는 선에서 자신의 감정을 표현하고 여성들도 그러기를 바라는 모순이 있는 거지요.

최근에는 인간으로서의 '실제 소녀들'과 탈인간화된 콘텐츠 이미지로서의 '걸그룹'의 간격이 더욱 좁혀지고 있는 현상을 관찰할 수 있습니다. 아이돌 결성 서바이벌 리얼리티 쇼 「프로듀스 101」을 통한 아이오아이의 결성 과정이 그러했고, 이후에도 비슷한 프로그램들이 등장했지요. 이 쇼의 프로듀서는 '건전한 야동을 만들고자 했다.'는 본심(?)을 밝혀 여론의 뭇매를 맞기도 했는데요, 이처럼 탈권위주의적인 남성성과 친밀성에 대한 욕구의 가능성을 품고 있었던 '삼촌팬'들의

6강 그들이 사랑하는 것은 무엇인가?

팬심은 최근 걸그룹 시장에서 더욱 본격적으로 살아 있는 성
상품을 소비하는 방향으로 유도되고 있습니다.

실은 2000년대 중반부터 대중문화에서 전면화된 두
가지 현상이 바로 걸그룹과 BL물이라는 사실은 이런 현상을
예비하는 측면이 있습니다. 이 세대 남성들은 걸그룹의 소녀
들을, 이 세대 여성들은 여자들 없는 남자들 간의 관계에 열광
하며 자신들의 모순을 상상적으로 해결해온 겁니다. 이런 면
에서 성평등과 친밀성을 추구한 한국 최초의 세대인 이들에
게서 드러나는 남녀의 갈등, 모순, 상상적 해결의 방식 등을
긴 호흡으로 관찰해볼 필요가 있습니다.

디지털 세대와 여성혐오

마지막으로 1985년 이후 출생한 '디지털 세대'입니
다. 2000년대에 초 · 중등학교를 다녔으니 신자유주의로의 전
환과 함께 강조된 자기주도의, 자율적이고 능동적인 학습 분
위기에 익숙한 이들이지요. 경쟁과 승자독식에 익숙하고 개인
주의적 성향도 강합니다. 1강에서 다룬 「청춘시대」와 5강에서

다룬 「치즈 인 더 트랩」의 대학생들을 떠올려보면 쉽게 이해될 거예요. 또 남성들 간의 격차가 증가하고, 여성이 공적 노동의 장에서 남성들과 경쟁하고 일하는 게 그리 낯설지 않은 첫 세대이기도 합니다. 이들은 어릴 때부터 '남녀평등'이라는 말을 들어왔습니다. 마경희 연구팀의 연구에 따르면 이 세대 남성들에 와서야 비로소 남성 특권을 당연시하는 서사가 발견되지 않았다고 해요. 문제는 이들이 남성들 간의 격차 증가와 '남녀평등'이라는 용어에 대한 익숙함 때문에 이미 충분히 남녀가 평등한 세상이 왔다고 믿는 데 있습니다. 이런 경향이 디지털 세상에서의 여성혐오 문화로 나타나고 있습니다.

이 세대를 '디지털 세대'로 명명하는 이유는 초등학교 이전 시기부터 인터넷과 스마트폰을 사용하면서 정보를 습득하고 관계를 맺는 일이 일상화된 최초의 세대이기 때문입니다. 이들에게 디지털 공간이 갖는 중요성은 이전 세대의 상상을 초월합니다. 저 또한 그랬습니다. 몇 년 전 박사학위를 받고 강의를 하면서 만난 여학생들이 디지털 세상에서의 여성혐오 명명에 대해 하도 하소연을 하기에 "그럼 인터넷을 당분간 그만하면 어때요?"라고 조언했었는데, 한 학기도 지나지 않아 그런 조언이야말로 세상 바뀐 줄 모르는 '꼰대'의 조언으로 받아들여질 수 있다는 것을 알게 되었어요. 이들에게 디지털 세상은, 조금 과장해서 말하자면 공기와 물처럼 자연스러운 거예요. 이들에게는 디지털 세상에서의 학습, 놀이, 인간관계, 남녀 관계, 성관계에 대한 정보 습득이 대면 접촉을 통한 것과 엇비슷하게, 아니 어쩌면 더 큰 중요성을 갖습니다. 그래서 이들을 '디지털 네이티브'라고도 부릅니다. 디지털 세상의 원주민이라는 거지요. 그에 비하면 대학 때부터 온라인 세상을 접한 저 같은 사람은 '디지털 이민자'인 거고요.

영화 「소셜포비아」는 바로 이 세대의 세계관과 경험의 단면을 드러냅니다. 현실이 디지털 세계를 규정하는 데 그치지 않고 디지털 세계가 현실을 규정하게 된 상황을 구체적으로 보여주고 있지요. 영화의 첫 장면이 아주 인상적인데요, 노량진 고시원으로 향하는 지웅, 탈영병이 자살했다는 보도, 그리고 이에 대해 제각기 한마디씩 떠들어대는 소셜미디어 상에서의 말들이 겹쳐집니다. 저는 이 장면이 소셜미디어로 대표되는 사회 이후의 사회의 이미지를 아주 선명하게 드러내는 것으로 봤습니다. 원래 사회란 공적 시민들의 연대에 기반한 집합적 상상력을 의미하죠. 물론 페미니즘은 이 공적 시민들이 기실 부르주아 남성이며 이들 간의 연대란 여성을 사

　　　　　　　　　이토록 두려운 사랑

물화하여 교환하는 남성동성사회성이라고 분석, 비판함으로써 사회 이후의 사회에 대한 상상력을 제공했다고 할 수 있습니다만, 이 장면에서 드러나는 사회 이후의 사회는 그런 비판적 상상력을 제대로 통과한 것이라기보다 그저 한 명 한 명의 개인이 즉자적으로 드러나는 상황에 지나지 않습니다. 이것은 무엇을 의미하는 것일까요?

이 영화에 등장하는 청년들에게는 사회적인 자리가 없습니다. 사람은 그저 태어난 것으로 사회적인 자리를 획득하지 않습니다. 그런 면에서 2014년 한국 사회를 강타한 단어 '미생'은 사회적인 자리를 차지하는 시간이 점점 유예되는 지금의 한국 청년들의 상황을 표현하기에 적절한 용어라고 생각합니다. 특히 이 영화는 이번 강의 서두에 설명한 자궁가족의 아들로서의 자리도 안정적으로 차지하기 어려워진 지금 이 시대, 어떤 계급의 단면을 포착합니다. 페미니즘적 용어로 이야기하면 '돌봄의 위기' 정도가 되겠네요. 계급을 막론하고 가족 내에서 아버지는 왕, 아들은 왕자가 될 수 있었던 시대가 지나가고, 가족 구성원 모두 공적 노동 영역에서 고군분투하는 시대가 도래한 거죠.

본격적인 이야기는 노량진에서 경찰고시를 준비하

사회 이후의 사회, 영화 「소셜포비아」.

는 지웅과 용민이 온라인에서 모집하는 현피(現實+Player Kill
의 합성어로, 온라인상에서 일어난 다툼이나 분쟁이 비화되어 분쟁
당사자들이 오프라인에서 직접 만나 물리적 충돌을 벌이는 일을 가
리키는 인터넷 용어) 방송에 참가하면서부터 시작됩니다. 20대
초반 남성 아홉 명으로 구성된 멤버들이 선택한 현피 상대는
온라인상에서 남성들을 대상으로 거침없이 공격적 언사를 퍼
붓는 민하영이라는 20대 초반 여성입니다. 일베와 메갈리아

이토록 두려운 사랑

내지는 워마드를 연상시키는 설정이지요. 인터넷으로 실시간 방송까지 하면서 호기롭게 찾아간 그들의 눈앞에 등장한 건 목을 매어 자살한 민하영의 시체입니다. 경찰 조사에서 시험에 붙는다 해도 면접에서 떨어질 것이라는 말을 들은 지웅과 용민, 그리고 인터넷상에서 신상이 털리고 살인자로 의심받기 시작한 나머지 멤버들은 민하영의 죽음에 얽힌 비밀을 밝히기 위해 나섭니다. 비밀 중 하나는 용민이 이미 민하영과 온라인 동호회에서 아는 사이였으며 민하영을 짝사랑했다는 것이지요. 동호회에서 생긴 우여곡절로 비뚤어지게 된 이 감정은 용민이 민하영에게 폭력을 행사하는 이유가 됩니다.

민하영은 똑똑하고 리더십 있는 여성입니다. 용민이 민하영을 좋아하듯, 이 세대 남성들은 이상형으로 '똑똑하고 자기 소신이 있는' 여성을 꼽는 경우가 많이 있습니다. 전 세대 남성들과 크게 다른 점이지요. 그렇기에 자신은 이미 충분히 '남녀평등적인 남성'이라고 믿는 경우도 많이 있습니다. 문제는 그 여성이 동시에 '자신의 말은 잘 이해하고 받아들이기'를 바란다는 데 있습니다. 젊은 여성들이 자율적인 욕망의 추구와 구속적인 관계를 동시에 원하는 것에 비견될 만한 모순이지요.

이런 모순이 가장 첨예하게 드러나는 장이 바로 데이트 비용입니다. 제가 대학에서 강의할 때 남학생들이 가장 문제 삼는 이슈이기도 합니다. 이제 남성들은 데이트 비용을 혼자 부담하며 예비 생계부양자로서의 능력을 뽐내려 하지 않아요. 공평하게 나눠서 부담하길 원하지요. 동시에 이를 남성으로서의 관계 주도권을 잃는 것으로도 인식합니다. 그 결과 이들이 원하는 방식이 재미있어요. 개인별로 차이는 있겠으나 대체로 결제는 남성 자신이 먼저 하고 데이트 통장에서 더 낸 몫을 가져가거나 여성이 계좌이체를 해주는 등, 자신이 주도적으로 부담한 티는 내고 실제 몫은 나누는 방식을 선호한다고 합니다.

이처럼 아주 세세한 것까지도 비용과 자원으로 생각하는 이 세대의 사고방식에, '남녀평등'은 이미 이루어졌다고 믿는 이 세대 남성들의 생각, 그리고 남성들 간 격차 증가 및 경쟁자로서 여성의 등장은 여성 섹슈얼리티에 대한 문제적인 관점으로 이어집니다. 그건 바로 여성의 섹슈얼리티가 무상의 자원이며 그것이 남녀의 경쟁에서 불공평함을 야기한다는 생각입니다. 네 번째 강의에서 말씀드린 '걸레'에서 '보슬아치'로의 여성혐오 명명 변화는 바로 이런 사고에서 기인합니다.

오늘날 한국의 디지털 세계를 뒤덮고 있는 것은 온통 이런 이미지와 언어입니다.

　　강의의 서두에서 이야기한 부성가족과 모성가족은 개별 가족들의 문화적 실천을 의미하는 것이 아니라 식민지와 전쟁, 개발독재 시기를 거친 한국 근대적 가족의 구성 원리에 관한 것이었습니다. 저는 최근에 와서 한국 가족의 이런 특성이 더욱 계급화되고 있다고 봅니다. 중상층 이상 계급의 아이들은 부성가족의 사회적 자원, 자궁가족의 돌봄 자원을 통해 태어날 때부터 어떻게 살아야 하는지가 프로그래밍됩니다. 그러나 그 이하 계층에서 이제 어머니들은 가족의 생존을 위해 돈을 벌어야 하기 때문에 노동과 돌봄의 이중부담을 지게 되고, 따라서 자궁가족적 어머니-자식 관계는 더 이상 가능하지 않습니다. 개인으로서 사회적 자리는 마련되지 않은 채 가족 내 역할로서의 사회적 자리는 파괴되어가는 세상에서 청년 남성들의 일차적 인정투쟁은 이제 또래 친구나 여자 친구와 같은 친밀 관계와 소셜미디어상에서 폭력적으로 펼쳐집니다.

　　영화 「소셜포비아」에서는 모임 내에서 존재감이 약했던 용민이 모임의 중심에 있던 하영을 좋아하다가 자신의 거짓말로 모임에서 쫓겨나게 되자 앙심을 품고 그녀의 계정을 텁니다. 영화는 하영의 죽음에 모두가 책임이 있다고 그리면서 용민의 책임을 두드러지게 부각시키지 않지만, 저는 조금 다르게 생각합니다. 용민이 하영의 계정을 털어 쓴 거짓 글들이 온라인상 하영의 캐릭터를 구축하면서 현피 방송에까지 이르게 되거든요. 전 세대 남성들과 다르게 남녀평등이라는 당위 속에서 성장했고, 가부장의 권위를 유지할 수 있는 경제적 조건은 더 이상 기대할 수 없는 이들. 이들이 미숙한 폭력의 세계가 아니라 평등한 친밀성의 세계를 만들어갈 수 있게 하려면 어떻게 해야 할까요? 더 많은 이야기, 더 깊은 고민이 필요한 시점입니다.

질문과 토론

Q 마지막 말씀과 관련하여 온라인상의 폭력에 대해
어떻게 대응해야 할까요? 그저 비폭력적인 대응만 할
수는 없다는 생각이 듭니다.

A 그래서 메갈리아의 미러링 같은 전략이 나왔던
것이겠지요. 미러링은 온라인상의 남성 중심적 문화가
얼마나 폭력적인지를 보여주고 그것을 되돌려주겠다는
전략을 구사한 것이고, 효과가 있었다고 봅니다.
이건 정말 디지털 세대 여성들이었기에 할 수 있었던
일이에요. 그렇지만 솔직히 말씀드리면 이제 메갈리아
이후를 고민해야 할 시점이 아닌가 생각합니다.
메갈리아 이후를 고민한다는 말은, 메갈리아나 이후
파생되어 생긴 사이트에서의 움직임이 이제 더 이상
필요 없다거나 유효하지 않다는 선언은 아닙니다. 다만
저는 그런 언어를 구사한 사람들의, 세대의, 여성들의
이야기가 좀 더 맥락적으로 드러날 필요가 있다고
봅니다. 예컨대 영화 「소셜포비아」에서 민하영 같은
여성 키보드 워리어의 재현은 다른 남성 인물들의
재현에 비해 그 구체성이 확실히 떨어져요. 남성들은

굉장히 구체적인 일상을 사는 인물들로 나오지만 민하영은 자의식만 비대해서 남자고 여자고 모두 공격하는 인물로 나오거든요. 그런 사람이 있을 수는 있겠지요. 그렇지만 저는 '민하영의 시선으로 이 영화를 다시 만들어본다면?'이라는 생각을 영화를 보는 내내 하지 않을 수 없었답니다. 이런 식으로, 이 세대 남성들에 대한 관심만큼이나 이 세대 여성들의 경험과 이야기를 보다 구체적으로 알 필요가 있다고 봅니다. 또 한국 사회가 온라인상의 폭력을 포함하여 폭력 일반에 대단히 허용적이라는 점도 모두 함께 고민해야 합니다. 폭력에 허용적인 분위기는 개발독재 시대의 군사주의적이고 권위주의적인 문화와 직접적인 관련이 있다고 생각합니다. 이런 역사적 맥락에 대한 토론과 더불어 폭력에 대한 강력한 규제만이 폭력을 줄일 수 있습니다. 그러려면 폭력을 규제하는 공권력에 대한 시민들의 신뢰가 먼저 회복되어야겠지요. 이런 식으로, 젠더화된 폭력에 대한 대응은 결국 '사적인 폭력'의 '공적 구성'에 관한 성찰과 연결되지 않을 수 없습니다.

더 읽을거리

1 김성윤, 「"삼촌팬"의 탄생: 30대 남성 팬덤의 불/가능성에 관하여」, 이동연 엮음, 『아이돌』(이매진, 2011).

2 김신현경, 「여자 아이돌/걸 그룹과 샤덴프로이데: 아이유의 「챗셔」 논란 다시 읽기」, 김은실 엮음, 『페미니스트 크리틱: 더 나은 논쟁을 할 권리』(휴머니스트, 2018).

3 마경희 · 문희영 · 조서연 · 김리나, 『지배적 남성성의 균열과 변화하는 남성의 삶: 남성들 내부의 차이를 중심으로』(한국여성정책연구원, 2017).

4 전인권, 『남자의 탄생: 한 아이의 유년기를 통해 보는 한국 남자의 정체성 형성 과정』(푸른숲, 2003).

5 조혜정, 『한국의 여성과 남성』(문학과지성사, 1997).

6 황현산, 「풍속에 관해 글쓰기」, 《한겨레》(2017년 6월 22일). http://www.hani.co.kr/arti/opinion/column/799869.html.

7 R. W. 코넬, 현민 · 안상욱 옮김, 『남성성/들』(이매진, 2013).

8 Margery Wolf, *Women and the Family in Rural Taiwan*(Stanford University Press, 1972).

이런 세상에서 우리,
사랑할 수 있을까?

그럼에도 불구하고, 다시 사랑

드라마 「밀회」(2014)

멜로드라마라는 양식

마지막 시간에는 사랑이 불가능해 보이는 이 시대에 우리가 어떻게 사랑할 수 있을지, 틈을 만들고 그 틈새를 벌려 길을 낼 수 있는 방법을 고민해보도록 하겠습니다. 그 고민을 위해 선택된 텍스트는 2014년 방영된 드라마 「밀회」입니다.

방영 당시에 이 드라마를 보신 분 있으신가요? 저는 방영 당시 열렬한 시청자였는데, 언제부터인가 세월호 사건을 추모하는 노란 리본이 화면 내내 같이 나왔던 기억이 납니다. 당시에는 이 드라마와 세월호 사건이 아무런 관련이 없어 보였지요. 「밀회」의 마지막 회에 오혜원의 감옥 동료가 말했듯 "나이 사십 먹은 한 여자가 다 들고 튀려다가 어린 놈 건드려서 다 털린" 이야기로 요약될 수 있는 불륜 소재의 멜로드라마에 지나지 않아 보였으니까요. 그런데 박근혜-최순실 게이트가 터지고 난 후, 이 드라마를 둘러싸고 온갖 숨은 그림 찾기가 등장하지 않았습니까? 사실 문제는 숨은 그림 찾기의 절묘함이 아니라 이 드라마에서 그리고 있는 권력층의 행태가 지금의 한국 사회에서 박근혜-최순실 게이트에 국한되지 않고 점점 일반적인 것이 되어가고 있다는 점이겠지요.

양식으로서 멜로드라마는 언제나 이런 문제를 다룹니다. 멜로드라마는 보통 사적, 개인적 소재를 특유의 감정적 과잉과 선악의 도덕적 이분화로 다루는 여성 장르라는 식으로 폄훼됩니다. 제가 드라마에 관심이 많다고 하면 흔히 듣는 말이 '한국 드라마는 감정적인 과잉이 너무 심해서 못 보겠다.'는 말입니다. 멜로드라마를 중심으로 한 한국 드라마의 이런 특징은 대개 미드의 촘촘한 서사나 일드의 절제된 재현과 대조적인 것으로 간주됩니다. 그렇지만 사실 멜로드라마는 한국 특유의 서사 양식은 아닙니다.

피터 브룩스의 『멜로드라마적 상상력』이라는 책은 멜로드라마에 관한 최초의 체계적인 학문적 접근입니다. 그는 프랑스대혁명으로 거슬러 올라가 이 서사 양식의 탄생과 특징을 살핍니다. 브룩스에 따르면, 프랑스대혁명은 교회와 군

주제 같은 전통적인 제도가 청산되고, 기독교 정신이 와해되었으며, 신분제로 짜여 있던 공동체가 소멸하여 이런 사회에 의존하던 문학적 형식이 효력을 상실한 시기입니다. 이때 연극에서부터 시작된 멜로드라마는 무엇이 옳은지에 대한 판단이 더 이상 가능하지 않게 된 자본주의의 도래와 더불어 대중들이 느끼는 무의식적인 불안을 극단적인 선악 이분법과 감정적 과잉으로 표현한 양식입니다.

멜로드라마와 함께 등장하는 한국 드라마의 특징은 '신파성'이죠. 대중문화연구자 이영미는 한국의 신파성과 서구의 멜로드라마성을 구분 지어 설명합니다. 일제 시대에 등장하여 1970년대 이전까지 한국 대중서사에서 나타나는 신파성은 서구의 멜로드라마성에 비해 억압적 세계 속에서 억눌린 자아가 세계에 저항하지 못하고 갖게 되는 자학과 자기연민의 태도가 두드러진다는 특성을 갖습니다. 「이수일과 심순애」 같은 작품이 대표적입니다. 이영미는 1970년대 이후에는 이런 감성이 거의 사라졌다고 봅니다. 여기서 기억할 것은 미감으로서의 멜로드라마성, 그리고 한국적 멜로드라마성으로서의 신파성이 자본주의적 근대에 대한 대중의 반응을 의미한다는 것입니다.

영화 「이수일과 심순애」 개봉 당시 광고.

　　예컨대 김수현의 드라마 「청춘의 덫」을 생각해봅시
다. 1978년 드라마로 만들어졌고 이듬해 영화로, 1999년 다시
드라마로 리메이크된 이 이야기에서 1960년대 이후 한국 자
본주의의 급격한 성장과 자본주의적 가치의 내면화를 살피기
란 어려운 일이 아닙니다. 이런 상황이 출세욕 때문에 자신의
아이를 가진 여성을 버리는 남자 주인공, 이를 고귀한 성품과
남자 주인공보다 더 힘센 남성과의 사랑으로 돌파해가는 여

　　　　　　　　　　　　　　　　　　　　이토록 두려운 사랑

자 주인공으로 드러나고 이들은 선과 악으로 대비됩니다. 결국에는 선이 승리하게 되지요.

다른 삶을 살 수 있게 하는 힘으로서 사랑

이처럼 멜로드라마 혹은 신파극에서는 언제나 시대 상황이 인격화된 형태의 억압으로 주요하게 등장합니다. 「밀회」에서도 현 시대 한국적 자본주의 양상이 기업, 예술재단, 대학을 운영하고 있는 서필원 회장 일가, 그리고 예술재단과 대학 내 인간군상을 통해 펼쳐집니다. 주인공 오혜원은 서필원 회장, 그의 딸 서영우, 그리고 호스티스였다가 회장의 부인이 된 한성숙 사이를 오가는 대단히 유능한 '삼중첩자' 노릇을 통해 그 세계에서 살아남은 2014년 당시 나이 40세의 여성입니다. 한국 드라마에서 공적 세계에서 살아남기 위해 '더러워지기'를 마다않는 이 나이대의 여성 주인공은 대단히 희귀한 인물이죠. 피아노에 재능은 있었지만 그 재능을 꽃피울 집안 환경은 갖추지 못했던 오혜원은 20대에 이미 유학을 갈 수 있다면 부자 친구의 집사로 살 수 있다고 생각하고 이를 실행

한 '욕망의 화신'입니다.

오혜원의 삶은 그녀가 통과해온 1990년대와 2000년대가 어떤 시대였는지를 새삼 깨닫게 합니다. 우리의 강의에서는 이 시대를 연애의 재발견, 자원 거래의 장이 된 연애, 자기계발과 칙릿, '나쁜 남자'라는 상상적 해결책, 헤게모니적 남성성의 변화 등의 키워드로 살펴보았습니다. 새삼 오혜원의 나이가 『달콤한 나의 도시』의 은수와 같다는 사실을 상기하게 됩니다. 10여 년 전, 열심히 일하고 그만큼 또 열심히 소비하고 연애하던 30대 여성으로 대중문화에 재현되었던 이 세대가 자기계발과 욕망의 화신으로 살아온 지난 시간을 성찰하고 다른 삶을 살게 되는 내용의 「밀회」는, 이런 의미에서 갑작스러워 보이는 한국 사회 변화를 어느 정도 예감한 이야기라는 생각이 드네요. 그렇지만 이 드라마의 서두에 등장하는 오혜원은 남성 중심적 자본주의의 첨병으로 부상한 포스트페미니즘적 여성 주체입니다.

그런 그녀가 스무 살이나 어린 이선재와 사랑에 빠지는 이유는 무엇일까요? 처음 그들이 만났을 때 오혜원에게 이선재는 음악을 도구가 아니라 그 자체로 사랑했던 옛 시절을 상기시키는 존재죠. 그리고 이선재에게 오혜원은 자신의 재능을 알아보고 그 성장을 돕는 스승으로 다가옵니다. 드라마의 초반에 함께 피아노를 치며 서로 통했다는 느낌으로 즐거워하는 장면이 바로 두 사람이 처음 서로에게 어떤 의미였는지를 잘 보여줍니다.

　　이선재에게 스승으로서의 오혜원은 예술에 관한 새로운 언어를 들려주고 관점을 보여주는 사람입니다. 새로운 언어와 관점이란, 결국 새로운 세상의 다른 말이지요. 우리가 페미니즘을 모르다가 알게 되면 페미니즘의 언어와 관점을 통해 세상을 완전히 새롭게 보게 되잖아요. 그래서 새로운 언어를 들려줌으로써 새로운 세계를 보여주는 스승과 그 언어를 받아들여 다른 세계를 창조해나가는 제자 간에 긴밀하고도 특별한 감정이 생겨나는 것은 어쩌면 당연합니다. 고대 그리스에서는 스승과 제자 사이의 이런 특별한 감정을 가장 아름다운 사랑으로 보았지요. 이를 잘 보여주는 텍스트가 잘 알려진 플라톤의 『향연』입니다. 아테네의 지성들이 모여 에로스의 여러 측면들을 들어 에로스를 찬양하는 대화에 소크라테스를 연모한 알키비아데스가 등장해 그에 대한 사랑을 고백하는 장면은 고대 그리스에서의 에로스가 어떤 것이었는지 짐작하게 해줍니다. 이와 비견되는 여성들 간의 관계로 시인

사포와 여성 제자들이 있고요. 이들이 살았다는 그리스의 레스보스 섬은 여성 동성애자를 뜻하는 '레즈비언'의 어원입니다. 동성의 스승과 제자 사이의 이런 거침없는 애정 표현은 지금의 시각에서 보면 당황스러울 수 있어요. 이런 이야기가 선생과 학생 간에 벌어질 수도 있는 위계에 기반한 폭력을 정당화하는 논리가 되어서도 안 되겠고요. 그렇지만 중요한 것은 스승의 언어와 가르침이 제자에게 제대로 전달되는 과정이란 대단히 농도 짙은 정서적 감응을 필요로 한다는 거예요. 이런 면에서 이선재에게 오혜원은 대단히 중요한 스승인 동시에 매력적인 연인입니다.

그럼 오혜원에게 이선재는 어떨까요? 저는 오혜원이 이선재를 동등한 사랑의 대상으로 받아들일 수 있기 위해서는 그가 음악을 그 자체로 사랑했던 자신이 젊은 시절을 상기시키는 존재인 것 이상의 무엇이 필요했다고 생각합니다. 오혜원이 나중에 "제 인생의 명장면"이라고 칭했던 6회 초입부에서 그녀는 "선생으로서" 이선재에게 제대로 피아노 치는 훈련을 해보자는 말을 하기 위해 그가 사는 집으로 찾아갑니다. "어둡고 위험한" 계단을 거쳐서 간신히 당도할 수 있는 그의 집은 비좁고 더럽습니다. 이선재는 그녀를 맞이하기 위해 최선을 다해 걸레질을 합니다. 6회의 이 장면 전에 두 사람이 육체적으로 끌리는 상황이 충분히 나오기는 했습니다만, 저는 오혜원이 두 사람의 나이 차이나 상황에도 불구하고 이선재를 도저히 거부하지 못하게 된 것은 이때부터라고 생각합니다. 법정 최후 진술에서도 보여주듯 오혜원은 이 순간에 바로 육체적 끌림과 옛 시절에 대한 향수 이상의 사랑의 대상으로 이선재를 받아들이게 되었는데, 그것은 왜일까요? 대사에서도 나오듯이 "난생처음 누군가 온전히 저에게 헌신한 그 순간"에 그녀 자신이 깨닫는 것은 자신은 한 번도 자기 자신에게 정성을 다한 적이 없다는 사실, 스스로를 성공의 도구로만 여겼다는 사실입니다. 크고 럭셔리한 집에 살고, 기사가 모는 차를 타고, 비싼 옷을 입고, 헤어와 마사지 등 몸과 외모 관리에 돈을 아끼지 않는 삶이었지만 그것은 스스로에게 '정성을 다하는 삶'이 아니라 '성공하기 위한 관리'에 지나지 않았다는 것이지요. 이처럼 남성 중심적 자본주의에서 남성적 삶을 살아온 오혜원은 자신을 정성스럽게 돌보는 노동을 하는 이선재를 통해 자신의 결여, 즉 모든 것을 가지고 있는 것 같지만 실은 아무것도 가지고 있지 않은 자신의 삶을 깨닫습니다.

여기서 두 가지 흥미로운 점을 생각할 수 있습니다.

첫째는 남자의 돌봄노동의 의미입니다. 이 드라마는 이선재가 자신의 삶을 재생산하는 모든 일을 아주 성실히 수행하는 남자라는 점을 반복적으로 보여줍니다. 그는 자신의 낡은 공간을 가지런히 정리정돈하고 청소를 하며 밥을 해 먹습니다. 그리고 오혜원도 그렇게 대합니다. 자신은 가난하고 오혜원은 돈이 많다는 사실은 그에게 아무런 콤플렉스도 되지 않는 듯 보입니다. 이선재는 돈으로 무엇을 해주고 그에 대한 보상을 바라며 돈이 없으면 콤플렉스를 가지는 드라마 속 다른 남성들, 그리고 많은 실제 한국 남성들과는 대척점에 놓인 인물로 그려집니다. 이런 면에서 이선재는 판타지적 인물입니다. 여성을 사랑한다면서 그 여성이 가진 것에 견주어 콤플렉스를 갖거나 허세를 부리는 남성 말고, 자신의 삶을 독립적으로 영위할 수 있기에 함께하는 삶도 꾸려나갈 수 있을 것 같은 그런 남성을 바라는 여성들의 욕망을 반영하고 있어요. 최근 많은 대중문화 콘텐츠에서 이런 남성상을 찾아볼 수 있습니다. 예컨대 예능 프로그램「신혼일기」는 완전히 고립된 공간에서 함께 밥을 해 먹고, 청소하고, 빨래하며 신혼을 즐기는 부부의 일상을 관찰하는 프로그램입니다. 재생산노동을 함께하는 남성이 여성의 이상적인 짝으로 그려지지요. 드라마「도깨비」에

이토록 두려운 사랑

서도 도깨비와 저승사자의 요리 솜씨는 여자 주인공을 기쁘게 합니다. 그렇지만 「도깨비」의 도깨비 김신은 남성의 돌봄 노동을 보호자적 능력으로 통합한다는 면에서 「밀회」의 이선 재와는 다릅니다.

둘째는 결여로서의 사랑입니다. 문학평론가 신형철 은『정확한 사랑의 실험』이라는 책에서 사랑에 응답하는 자가 "나도 너를 사랑해."라고 말할 때, 그것의 의미는 "나는 너에게 사랑받을 만하니까 사랑해."이거나 "너의 사랑은 나의 부족을 깨닫게 해. 그래서 나는 너를 사랑해." 둘 중 하나라고 말합니다. 그런데 전자가 결국 자신에 대한 나르시시즘적 도취로 귀결된다면, 후자야말로 상대방에 대한 절박한 응답으로서의 사랑에 가깝다는 것이지요. 오혜원의 사랑은 바로 그것을 보여줍니다. 신형철은 역시 같은 책에서 욕망과 사랑의 차이를 이렇게 설명합니다. 욕망의 세계는 우리가 무엇을 가지고 있는지가 중요한 세계라면, 사랑의 세계는 우리가 무엇을 가지고 있지 않은지가 중요한 세계라고 말이죠. 그래서 욕망의 세계에서는 네가 가진 것으로 나의 결여를 채울 수 있을 거라는 믿음에 기반한 격렬함이 있지만, 네가 가진 것이 없어지면 나는 결여를 채우기 위해 떠나게 됩니다. 그러나 사랑의 세계에서는 나의 결여와 너의 결여가 서로를 알아보고 그것을 견디기 위해 함께 있으며, 결여란 '없음'이므로 없어지지 않기 때문에 내가 너를 떠날 필요가 없다는 겁니다. 제가 보기에 오혜원의 이선재를 향한 사랑은 그의 재능과 젊음으로 그녀를 채울 수 있다는 믿음이 아니라 사람에게 최선을 다하는 그를 통해 자신의 결여를 깨달으면서 생겨난 사랑입니다. 그리고 그 사랑을 통해 그녀는 가졌다고 생각했지만 아무것도 가지지 못했던 지난 삶을 성찰하고, 다른 삶을 살 수 있는 힘을 갖게 됩니다.

사실 저는 이 드라마가 현실적이라기보다 관념적인 이야기라고 생각해요. 인물과 상황을 그려내는 방식이 한국 사회의 어떤 단면을 떠올리게 한다는 점에서 이보다 더 현실적일 수 없지만, 각 인물이 상징하는 바가 명확하다는 점에서 관념적이라는 거죠. 이선재는 지금의 20대에서 어떤 희망을 보는 애정 어린 시선이 그려낸 인물입니다. 그래서 이 판타지적 드라마가 여러분에게 오히려 우리가 사는 세상의 남루함을 부각시키는 듯한 절망을 안겨줬다면, 충분히 그럴 수 있다고 생각합니다.

그렇지만 또 한편 생각해보면, 사랑이라는 게 그렇지

않을까요. 사랑이 한순간 반짝이다 사라져버린다고 해도 우리 또한 그 한순간에 바뀌지 않나요? 우리는 그런 순간순간들에 기대어서 살아가고 있는 건 아닐까요? 서로를 이해할 접점이라고는 찾아보기 어려운 40대 여성 오혜원과 20대 남성 이선재가 그렇게 만났듯이, 이선재가 떠나도 오혜원은 이제 더 이상 이전 삶으로 되돌아가지 않을 용기를 가지게 되었듯이, 사랑은 그렇게 우리를, 서로를, 그리고 세계를 변화시킵니다.

사랑의 현재를 살아가기 위하여

사랑이라는 말이 너무 많이 오염되었고, 한순간의 반짝임은 그리 오래가지 않는다며 사랑에 대해 냉소적인 태도를 취하고 싶은 분들이 많이 계실 거예요. 한편으로 여성들은 이렇게 변했는데 왜 남성들은 그대로인지 의문 섞인 분노를 느끼는 분들도 계실 테고요. '연애해라', '결혼해라', '아기 낳아라' 같은 사회적 명령에 질려서 아무것도 하기 싫을 수도 있습니다. 한국에서는 아직도 때가 되면 남녀가 만나 결혼하고 아이 낳는 과정을 가장 자연스러운 사적 삶의 완성으로 보는 경향이 강한 것이 사실입니다. 그렇지만 변화하고 있기도 하지요. 우리가 문제의식을 가지고 사회를 비판적으로 보는 것과, 자신의 상황을 모두 사회 탓으로 돌리며 원망하는 마음만을 갖는 것은 구별할 필요가 있습니다. 인간은 역사와 사회의 한계 속에서 구성되는 존재지만 또 그것을 변화시키는 힘을 가진 존재이기도 하니까요.

　　남녀 간의 성애적 사랑이 대수냐, 그건 그저 사회에서 강제되는 것이라고 생각하시는 분들은 그 생각대로 살아보는 것이 좋다고 생각합니다. 그런 사회의 강제성을 어떤 형태로든 드러내는 것도 필요하고요. 또 사랑하고 싶을 뿐 결혼하고 싶지 않다는 분들은 그렇게 다른 형태의 친밀 관계를 만들어보는 게 중요하다고 생각해요. 여성들은 변했는데 남성들은 왜 그대로인가에 대해서는, 되도록 많은 남성들을 만나보는 게 필요하겠지요. 지금처럼 갈등이 극대화되고 있는 상황에서 쉬운 일은 아니겠지만, 많은 남성들을 지인으로, 친구로 만나보면서 이런 점에 관해 허심탄회하게 얘기해보는 건 어떨까요? 저는 한국 사회에서는 남성과 여성이 친구나 동료로 만나는 훈련이 더 많이 필요하다고 느낍니다. 아직도 섹슈얼리티의 의미가 지나치게 무거워서 어렵게 느껴진다는 점은 이해합니다만, 남성들뿐 아니라 여성들도 동료이자 친구로서 남성 사귀기를 실천해보면 어떨까 해요.

그리고 사랑이 여전히 가능할까를 묻는 분들에게는, 이분들이야말로 사실 누구보다 사랑이 가능하기를 바라는 이들이라는 말을 되돌려드리고 싶습니다. 사랑이 가능하다는 것은 무슨 의미인지, 그것은 그것대로 복잡한 이야기를 필요로 합니다만, 예컨대 이선재가 오혜원을 떠나 두 사람이 다시는 못 본다 하더라도 우리는 그들의 사랑이 무의미했다고는 도저히 말할 수 없지요. 그렇다고 이선재가 오혜원을 다시 만나는 것만이 사랑의 완성이라고 볼 수도 없습니다. 두 사람이 각자 자신의 삶을 살 용기를 갖게 된 것, 그것으로 이들의 사랑은 그 목적을 다했다고 저는 생각합니다. 이선재와 오혜원뿐 아니라 여러분 각자가 이제까지 경험한 사랑들이 지금의 여러분을 있게 한 것이라고 믿어 의심치 않아요. 저도 마찬가지고요.

정말로 오염된 표현, '현재를 살라.'는 말만큼 사랑에 맞아떨어지는 말이 있을까요? 아무리 사랑에 냉소적이어도 우리가 인정할 수밖에 없는 그 무엇은, 사실 사랑할 때의 생생한 현재적 감각이 아닐까 싶습니다. 그 순간의 가슴 떨림, 기분 좋은 불면, 그나 그녀의 다정한 웃음, 주고받는 말들……. 이렇게 생각해보면 우리가 현재를 가장 잘 살아가는 방법 중 하나가 사랑인 것이지요. 이 강의에서 우리가 같이 해나간 다소 어두운 현실 진단은 현재를 제대로 살기 위한 예비 작업이었다는 점을 말씀드리고 싶습니다.

그럼 이제 우리의 삶과 현재의 사랑에 대한 이야기를 함께 시작해볼까요?

이토록 두려운 사랑

더 읽을거리

1 벨 훅스, 이영기 옮김, 『올 어바웃 러브』(책읽는수요일, 2012).

2 신형철, 『정확한 사랑의 실험』(마음산책, 2014).

3 이영미, 『한국대중예술사, 신파성으로 읽다』(푸른역사, 2016).

4 플라톤, 강철웅 옮김, 『향연』(이제이북스, 2014).

5 피터 브룩스, 이승희·이혜령·최승연 옮김, 『멜로드라마적 상상력: 발자크, 헨리 제임스, 멜로드라마, 그리고 과잉의 양식』(소명출판, 2013).

이미지 출처

61쪽, 103쪽 ⓒ명필름, 영상자료원 제공 | 125쪽 ⓒ명필름 | 68쪽, 122쪽 영상자료원 제공 |
189쪽 ⓒCJ ENM

이토록 두려운 사랑

연애 불능 시대, 더 나은 사랑을 위한 젠더와 섹슈얼리티 공부

1판 1쇄 찍음 2018년 8월 24일
1판 1쇄 펴냄 2018년 8월 31일

지은이 김신현경
펴낸이 박상준
펴낸곳 반비

출판등록 1997. 3. 24.(제16-1444호)
(우)06027 서울특별시 강남구 도산대로1길 62
대표전화 515-2000, 팩시밀리 515-2007
편집부 517-4263, 팩시밀리 514-2329

글 ⓒ 김신현경, 2018. Printed in Seoul, Korea.

ISBN 979-11-89198-27-5 (03330)

반비는 민음사 출판그룹의 인문·교양 브랜드입니다.